普通高等
教育教材

U0622354

课程思政
案例精选

化学分册

万永坤　叶长兵　娄灯吉　编著

化学工业出版社

·北京·

内容简介

《课程思政案例精选 化学分册》为"课程思政案例精选"的一个分册。本套图书秉承"讲好科学故事,弘扬科学家精神"理念,旨在为广大教育工作者提供丰富而生动的教学素材,以促进学科知识与思政教育的有机融合,培养既有扎实专业素养,又具备高尚道德品质和强烈社会责任感的新一代人才。本分册主要包括化学类案例 19 个,每个案例都包含了案例故事和课程思政分析两大部分。

本书可供高等学校化学化工等相关专业教师教学参考,也可作为学生入学教育、通识课程教材,还可作为青少年科普读物。

图书在版编目(CIP)数据

课程思政案例精选. 化学分册 / 万永坤,叶长兵,娄灯吉编著. -- 北京 : 化学工业出版社,2025. 8.
ISBN 978-7-122-48385-0

Ⅰ. G641;O6

中国国家版本馆 CIP 数据核字第 2025GN9656 号

责任编辑:丁建华
文字编辑:高 琼 师明远
责任校对:宋 夏
装帧设计:刘丽华

出版发行:化学工业出版社
　　　　　(北京市东城区青年湖南街 13 号 邮政编码 100011)
印　　装:北京天宇星印刷厂
787mm×1092mm　1/16　印张 8½　字数 166 千字
2025 年 8 月北京第 1 版第 1 次印刷

购书咨询:010-64518888
售后服务:010-64518899
网　　址:http://www.cip.com.cn
凡购买本书,如有缺损质量问题,本社销售中心负责调换。

定　　价:49.00 元

编　委　会

主　任：万永坤　叶长兵　娄灯吉

编　委：曾艳萍　李艳萍　石贵明

前言

——探索科学与人文的水乳交融

在科学技术飞速发展的当今时代，化学、环境与生物等学科领域的研究不断取得突破，为人类应对诸多全球性挑战提供了有力的支撑。然而，科学知识的传授不应仅仅局限于技术和理论层面，更应关注其背后所蕴含的人文价值、社会责任以及道德伦理考量。正因如此，课程思政在化学、环境与生物类专业教育中的有机融入显得尤为重要。

本套案例精选的编纂秉承"讲好科学故事，弘扬科学家精神"理念，旨在为广大教育工作者提供丰富而生动的教学素材，以促进学科知识与思政教育的有机融合，培养既有扎实专业素养，又具备高尚道德品质和强烈社会责任感的新一代人才。

化学作为一门研究物质的组成、结构、性质及变化规律的学科，其发展深刻地影响着人类的生活。从新材料的研发到药物的合成，从能源的利用到环境保护，化学无处不在。然而，化学的应用也带来了一些挑战，比如化学品的安全使用、环境污染等问题。在化学类专业课程中融入思政元素能够引导学生正确看待化学的两面性，培养他们的科学精神和创新意识，同时也能让他们意识到科学家在推动社会发展的过程中所肩负的责任。例如，在讲解化学反应原理时，可以引入工业生产中的节能减排案例，让学生了解如何通过优化反应条件，提高能源利用率，减少废弃物排放，从而实现可持续发展。这不仅能让学生掌握专业知识，还能培养他们的环保意识和社会责任感。又如，在介绍化学实验方法时，强调实验数据的真实性和准确性，可以培养学生严谨的治学态度和诚实守信的品质。

环境科学是研究人类与环境相互关系的学科，其目标是寻求人类社会与自然环境的和谐共生。当前，全球面临着气候变化、生物多样性丧失、环境污染等严峻的环境问题，这些问题不仅威胁着人类的生存与发展，也考验着人类的智慧和担当。在环境科学类专业课程中融入思政元素可以让学生深刻认识到环境问题的紧迫性和复杂性，激发他们为保护环境贡献力量的决心。例如，通过讲述一些环境污染事件，比如日本水俣病事件、英国伦敦烟雾事件等，让学生了解环境污染对人类健康和生态系统造成的巨大危害，从而增强他们的环保意识和法治观念。同时还可以引导学生关注环境政策的制定和执行，培养他们的公共参与意识和社会责任感。

生物学是研究生命现象和生命活动规律的学科，它为人类认识自身、理解生命奥秘、解决健康问题等提供了重要的理论基础。在生物类专业课程中融入思政元素能够让学生更好地理解生命的意义和价值，培养他们尊重生命、关爱自然的情怀。比如，在讲解生物进化理论时可以引导学生思考生命的多样性和适应性，让他们认识到生物与环境相互依存、相互影响的关系，从而树立人与自然和谐相处的理念。在介绍生物技术的应用时可以探讨基因编辑、克隆技术等带来的伦理问题，培养学生的伦理意识和道德判断能力。

作为玉溪师范学院的一个二级学院，化学生物与环境学院为贯彻落实立德树人的根本任务，在全校率先制定并出台《化学生物与环境学院课程思政实施细则》（玉师院化生环〔2021〕14 号），明确党委书记和院长为第一责任人，党建引领推动、保驾护航，把立德树人成效作为检验学院一切工作的根本标准；遵循"全员育人、全过程育人、全方位育人、全课程育人"理念（即"四全育人"理念），大力实施德融课堂，落实、推进课程思政建设与党支部建设同步、与学科专业建设同步、与思政课程同步的"三同步"机制，构建全面覆盖、类型丰富、层次递进、相互支撑的"1+1+X"理工农学类专业课程思政体系；聚焦"讲好科学故事，弘扬科学家精神"，推进课程思政进科研、进课堂、进教材、进实践、进头脑，锚定培养学生爱国、敬业、诚信、友善的个人品质，促进学生的全面发展、成长成才，产出了一批标志性成果，取得了显著的育人成效，积累了一些可推广的经验和做法。

这套课程思政案例精选中的每一个案例故事都是地方高校教育工作者们精心挑选和设计的成果。它们从不同的角度展现了化学、环境与生物类专业课程和思政教育的融合方式，具有较强的针对性和可操作性。我们希望这些案例能够为广大教师提供有益的参考和启示，让他们在教学过程中能够更加自然、有效地将思政教育融入专业课程，实现知识传授与价值引领的有机统一。同时，我们也希望学生们能够通过阅读这些案例感受到科学魅力和人文关怀，树立正确的世界观、人生观和价值观，在追求科学真理的道路上始终保持对人类社会和自然环境的敬畏之心，以所学知识为社会发展和进步贡献自己的力量。

课程思政是一项长期而系统的工程，需要教育工作者们不断探索和创新。我们相信，随着课程思政理念的持续深入和实践的不断推进，化学、环境与生物类专业教育将焕发出新的活力，培养出更多德才兼备的优秀人才，为解决人类面临的重大挑战、实现可持续发展目标做出更大的贡献。让我们共同翻开这套案例精选，开启一段充满探索与思考的高等教育之旅，在科学与人文的交融中培育出更加绚烂的智慧之花！

在本套案例精选得以问世之时，谨向化学、环境与生物类专业课程思政教育教学领域的同仁们致以深深的谢意。感谢你们的不懈探索，正是你们的努力、创新和无私分享为我们提供了丰富的思路和宝贵的经验，激发了我们对课程思政更深层次的思考，拓展了教育教学的视野。我们深知，在推动课程思政教育教学发展的道路上离不开每一位同仁的智慧与付出。愿我们继续携手共进，为培养更多具有高尚品德和扎实专业素养的人才贡献力量！

编著者

2025 年 3 月于云南玉溪

目录

案例 1

化学发展简史

一、世界化学发展历史

化学历史源远流长，可以追溯到远古时代。自从有了人类，化学便与人类结下了难舍缘分。从科学史角度看，化学知识产生的历史几乎与人类一样早。根据有关记载，我们可以把整个世界化学发展通史划分为以下五个重要历史时期：

1. 远古工艺化学时期

从人类刚刚诞生的久远蒙昧年代到公元前 1500 年，这是化学萌芽（原始化学）阶段，也是一个巫术与宗教并存的时代。在实践经验的直接启发下，人类经过多少万年的不停摸索学会了用火、制陶、冶金、酿酒、染色等最早的化学工艺技术，但还没有形成化学知识。

2. 金丹术和医药化学、冶金化学时期

约从公元前 1500 年到公元 1650 年，这是中国炼丹术和西方炼金术的时代。化学被炼丹术、炼金术所控制，炼丹术士和炼金术士们在皇宫、教堂、自己家里、深山老林的烟熏火燎中希冀制得使人长生不老的仙丹、获得荣华富贵的黄金。这是化学史上令我们惊叹的恢宏一幕。炼丹术、炼金术后来几经盛衰，使人们更多看到了它荒唐唯心的伪科学的一面。但人们进行了最早的化学实验，为化学发展积累了许多化学操作和物质研究的实践经验，化学方法转而在医药和冶金方面得到了正当发挥。欧洲文艺复兴时期出版了一些化学相关书籍，第一次有了"化学"这个名词。"chemistry"起源于"alchemy"，即炼金术；chemist 至今还保留着两个相关的含义：化学家和药剂师。这些可以说是化学脱胎于炼金术和制药业的文化痕迹。

3. 燃素化学时期

从 1650 年到 1775 年，这是近代化学的孕育时期。这一阶段开始的标志是英国化学家波义耳为化学元素指明科学概念，化学继而借燃素说从炼金术中解放出来确立为科学。燃素说认为：可燃物能够燃烧是因为它含有燃素，燃烧过程是可燃物中燃素放出的过程，可燃物放出燃素后成为灰烬。尽管这个理论明显是错误的，但它

把大量的化学事实统一在一个概念之下，解释了许多化学现象。随着冶金工业和实验室经验的积累，人们总结了感性知识，开始进行化学变化的理论研究，使化学成为自然科学的一个分支。

4. 定量化学时期

从 1775 年到 1900 年，这是近代化学时期。法国化学家拉瓦锡在 1777 年用定量化学实验阐述了燃烧的氧化学说，确立了物质不灭定律，开创了定量化学时期，使化学沿着正确的轨道发展。这一时期开始利用化学知识解决工农业上的许多问题，建立了不少化学基本定律，化学真正成为一门系统的科学：英国化学家道尔顿提出了近代原子学说，意大利科学家阿伏伽德罗提出了分子概念，瑞典化学家贝采利乌斯开始使用化学符号，俄国化学家门捷列夫发现了元素周期律，德国化学家李比希和维勒发展了有机结构理论。

5. 科学相互渗透时期

从 1900 年开始至今，这是现代化学时期。20 世纪初，量子论的发展使化学和物理学有了共同的语言，解决了许多悬而未决的化学问题；另一方面，化学又向生物学和地质学等学科渗透，使蛋白质、酶的结构问题得到逐步解决。这一阶段，化学在各个领域都取得了巨大突破，各个化学分支学科蓬勃发展、全面开花，新理论、新发现和交叉学科层出不穷。

二、中国化学发展历史

中国是世界公认的四大文明古国之一，造纸、印刷术、火药和指南针四大发明举世闻名。

1. 中国古代化学成就

五千年文明史也是一部化学发展史，中国化学的起源可以追溯到遥远的古代，经验化学成就斐然：商周时期先人就已经掌握了青铜的冶炼铸造技术，那些精美的青铜器见证了当时高度发达的工艺水平；春秋战国时期炼铁等冶金技术逐渐成熟；从秦汉时期开始兴起的炼丹术更是中国古代化学发展中一个独特而重要的方面，虽然带有一定的神秘色彩，但积累了大量物质变化和化学操作的宝贵经验；东汉蔡伦有机造纸术有力推动了欧洲文艺复兴；唐宋时期火药的伟大发明对中外军事和社会发展产生了深远影响；扁鹊、华佗、张仲景（世称"医圣"）、李时珍（世称"药圣"）等中医药学家们对药物研究贡献卓越。

2. 近代化学成就

随着近代西学东渐，中国开始接触到西方先进的化学知识和技术。20 世纪初，民族化学工业崭露头角，近代民族化工先驱、爱国"三巨头"——侯德榜、吴蕴初和范旭东制造了纯碱、味精等为国争光鼓劲。新中国成立后，化学工业迎来了大发展，改革开放的春风更是让中国化学飞速进步：1965 年，中国学者在世界上第一次人工合成结晶牛胰岛素蛋白，但因各种复杂原因错失诺贝尔化学奖；2015 年，中国本土科学家屠呦呦因诊疗疟疾特效中医药青蒿素获得诺贝尔生理学或医学奖。

如今，中国化学研究在世界上占据着越来越重要的地位，在新材料、新能源、绿色化学等前沿领域不断做出积极突破和贡献。

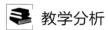 教学分析 •···

一、课程思政要素挖掘

1. 科学精神

在化学发展的历程中，众多科学家展现出执着探索、勇于创新、严谨求实的科学精神。例如，门捷列夫通过不懈努力发现了元素周期律，体现了对真理的执着追求和严谨的科学态度，可激励学生在学习和生活中培养坚韧不拔的品质和认真负责的做事态度。

科学家们在面对困难和质疑时，坚持自己的研究，这种不畏艰难、勇于挑战权威的精神可以培养学生的独立思考能力和批判性思维。

2. 爱国情怀

中国古代在化学领域也有许多杰出贡献，比如造纸术、火药的发明等。介绍这些成就可以激发学生的民族自豪感和爱国情怀，让他们认识到中国在世界科技发展史上的重要地位。同时，可以讲述近现代中国化学家的故事，比如侯德榜发明侯氏制碱法，克服重重困难，为中国化学工业的发展做出巨大贡献，激励学生为国家的繁荣富强而努力学习。

3. 社会责任感

化学的发展既带来了巨大的好处，例如提高生活质量、促进经济发展等，但也带来了一些问题，比如环境污染、资源短缺等。通过分析化学发展的两面性，引导学生认识到化学工作者的社会责任，培养他们的环保意识和可持续发展观念。同时，让学生思考如何利用化学知识解决现实中的问题，比如开发绿色能源、治理环境污染等，增强他们的社会责任感和使命感。

二、融入教育教学的方法

1. 课堂讲授

在讲解化学发展简史的过程中适时插入思政要素。例如：在介绍某一重要化学发现时讲述科学家的故事，引导学生感悟科学精神；在讨论化学对社会的影响时引导学生思考社会责任。

采用案例教学法，通过具体的案例分析化学发展中的思政问题，比如化工企业的环境污染事件，让学生讨论如何在化学研究和应用中避免类似问题的发生。

2. 实践教学

实验教学中强调实验安全和规范操作，培养学生的严谨态度和责任感。同时，可以引导学生思考实验废弃物的处理问题，增强环保意识。

组织学生参加社会实践活动，比如参观化工厂、环保设施等，让他们亲身感受化学在实际生产中的应用以及对环境的影响，提高社会责任感。

三、教育教学效果评估

1. 多元化考核

在课程考核中增加思政内容的考核。例如，设置一些与科学精神、爱国情怀、社会责任感相关的问题，让学生在答题过程中深入思考思政问题。

2. 过程性评价

注重过程性评价，观察学生在课堂讨论、实践活动中的表现，评价他们的团队合作精神、创新能力和社会责任感等。

总之，将化学发展简史的课程思政要素融入教育教学中不仅可以丰富教学内容，提高学生的学习兴趣，还可以培养学生的科学精神、爱国情怀和社会责任感，实现知识传授与价值引领的有机统一。

📁 参考文献

[1] 林承志. 化学之路——新编化学发展简史 [M]. 北京：科学出版社，2011.

[2] 方正军，易兵. 化学化工类课程思政精选案例 [M]. 北京：化学工业出版社，2021.

[3] 赵匡华. 化学通史 [M]. 北京：高等教育出版社，1990.

中华传统文化中的化学知识记载

优秀传统文化是中华民族千百年来生产实践的积累，是我国无比珍贵的精神财富，也是中华民族的精神支柱，为世界文明提供了极其重要的中国智慧。中华传统文化博大精深，包括文学、医学、哲学、科学、饮食、炼器、天文、音乐、节日等很多方面，其中的文化典籍、青铜器文化、瓷器文化，甚至成语故事、传统习俗，都蕴含着丰富的化学知识和化学智慧。

一、文化典籍中的化学知识

我国早期的制陶、冶炼工艺以及后来的炼丹术、本草学、农学无不包含着古代化学思想的萌芽。虽然这些古籍中记载的化学内容并不系统，但这些散见的化学智慧充分反映了前人探究物质变化规律的实践活动，对于化学发展具有开拓意义。

东汉著名炼丹家魏伯阳所著《周易参同契》中记载"胡粉投火中，色坏还为铅"，描述了碱式碳酸铅在高温下遇炭火还原为铅这一化学现象。

东晋著名炼丹大师葛洪在《抱朴子·仙药》中记述了砒霜的制备方法。

唐代炼丹家郑思远在《真元妙道要略》中有云"以硫黄、雄黄合硝石并蜜烧之，焰起烧手、面及烬屋舍者"，描述了黑火药的制作过程。

近年来，我国医学专家张亭栋教授和陈竺院士借鉴唐朝著名医药学家孙思邈（541—682年，后人尊称为"药王"）的《千金方》中记载的"以甘草煎，以粳米饭和研为丸，服之能治疟，治心痛"，发现了砒霜以毒攻毒的特性在治疗各种疾病中的特殊作用，例如可以用来治疗急性早幼粒细胞白血病。

明代名医、"药圣"李时珍所著《本草纲目》除就药论治、以药为纲外，还将铅、汞、铁的硫化物之间相互转化以及铅化合物之间的转化关系描述得淋漓尽致。

明代科学家宋应星所著《天工开物》记载"凡埏泥造瓦，掘地二尺余，择取无沙粘（现为"黏"）土而为之"，"凡坯既成，干燥之后，则堆积窑中燃薪举火"，"浇水转釉（主要为青色），与造砖同法"。"瓦"是传统无机非金属材料，主要成分为硅酸盐；烧制后自然冷却成红瓦，浇水冷却成青瓦。红瓦转化为青瓦的原因是 Fe_2O_3 转化为铁的其他氧化物；红砖里面主要是 Fe_2O_3，青砖里面主要是 FeO。

二、青铜器铸造、鎏金技术里的化学内容

我国青铜器文化源远流长，青铜时代始于夏商、终于春秋战国，后母戊鼎、四羊方尊、莲鹤方壶、虢季子白盘等就是其中的杰出代表。商朝中期至西周早期，青铜冶铸法发展到鼎盛时期，战国时期《周礼·冬官考工记·辀人》记载了铸造青铜合金的方法。

东晋葛洪《抱朴子·金丹》和南朝医药大师陶弘景《名医别录》中都有"雄黄得铜可作金"的记载。鎏金技术是将金形成金汞齐涂在铜器表面，加热蒸发汞，金就会附着在器物表面。汉代鎏金和镶嵌技术已十分发达，东汉《周易参同契》里就有关于鎏金技术的记载。

三、成语（习语）中的化学智慧

我国的经典成语（习语）言简意赅、含蓄隽永、引人深思，特别是一些成语（习语）里还包含着深刻的化学原理，比如火树银花、炉火纯青、刀耕火耨、水滴石穿、百炼成钢、信口雌黄、青出于蓝、点石成金、华而不实、灵丹妙药、洗尽铅华、火上浇油、落汤螃蟹着红袍等。

1. 火树银花

形容张灯结彩或大放焰火的灿烂夜景。自古以来，我国就有放烟花的习俗。烟花是在火药的基础上形成的，其主要成分着色剂主要由较多种的金属化合物混合形成，在燃烧的时候它们会发出多种色彩，其原理就是"焰色反应"，即不同金属燃烧后的颜色不一样。

2. 炉火纯青

相传道士炼丹炼到炉里发出纯青色的火焰就算成功炼出仙丹了。古时候，人们通过观察火焰燃烧的颜色来衡量温度的变化，成白蓝色即达到 1500℃以上，此温度也就是炉火纯青中的所谓青色。后来，人们用炉火纯青比喻功夫达到了纯熟完美的境界。

3. 刀耕火耨

现指原始的农业耕作技术。其中刀耕指砍伐树木，是物理变化，火耨指烧掉野草，属于燃烧反应，是化学变化，体现了当时我国劳动人民的智慧。

4. 水滴石穿

该现象是碳酸钙与二氧化碳、水的反应，主要是溶解了 CO_2 的雨水对石灰石的溶解作用。后人用以比喻力量虽小，但只要坚持不懈，事情就能成功。

5. 百炼成钢

原意指的是铁经过反复锤炼才能变成坚韧的钢，现在的含义是经过长时期的艰

苦磨炼使人性格坚强，是指人们只要持之以恒、坚持不懈，一定能具有钢铁般的意志。所蕴含的化学知识其实是生铁中的碳含量比钢高，经过高温煅烧，生铁中的碳和氧气反应会生成二氧化碳，由此降低铁中的碳含量，就成了钢，多次冶炼精度更高。

6. 信口雌黄

雌黄（矿石 As_2S_3）呈柠檬黄色，常用作颜料。我国早期使用的纸张颜色偏黄，用雌黄作涂改液能匹配纸张颜色，涂抹后就可遮盖错字。东晋孙盛《晋阳秋》中记载"王衍，字夷甫，能言，于意有不安者，辄更易之，时号口中雌黄"。后人就将随意窜改文字、变更语词称为口中雌黄或信口雌黄，比喻不顾事实、随口乱说或妄作评论。敦煌藏经洞发现的隋抄本《文选·运命论》残卷中有 7 处清晰可见的黄色涂改液修改痕迹，专家推断其为雌黄涂改。

四、传统习俗中的化学知识

端午节是我国的传统佳节，习俗甚多，包括划龙舟、食粽子、饮雄黄酒等。雄黄是一种含硫和砷的矿石（As_4S_4），常与雌黄共生。自南宋时期，我国南方地区就已有端午节饮雄黄酒的习俗。人们把微量雄黄溶在酒中用来杀菌、驱虫、解毒，抹在孩子脸上用以辟邪驱魔，而在诸多《白蛇传》版本里都有白娘子在端午节饮雄黄酒而现形这一桥段。现代科学研究表明，雄黄酒外用尚可，饮则有害，必须慎用。

东晋葛洪在《抱朴子·黄白》中有这样一段描述："铅性白也，而赤之以为丹；丹性赤也，而白之以为铅。"葛洪通过实验得到铅与氧化铅的转化反应，其中白色物质为铅（Pb），红色物质为红丹、铅丹（Pb_3O_4）。古代精致女子喜欢使用白铅粉做化妆粉底涂在脸上增白，上妆效果好还不易掉落，但是长期使用会让肌肤发青甚至金属中毒，其实是在用命美妆啊！

五、诗词中的化学知识

唐朝大文学家刘禹锡曾在《浪淘沙·其八》一诗中写道："千淘万漉虽辛苦，吹尽狂沙始到金。"从古到今，人们都采用沙里淘金的方法，这正好与化学重力沉降知识相关，同时也说明金元素比较稳定，亦即它属于不活泼金属，可以游离状态存在于自然界中。

宋朝大诗人王安石在《咏梅》中写道："墙角数枝梅，凌寒独自开。遥知不是雪，为有暗香来。"采用比喻手法借颂梅花以喻自己坚强不屈和不畏困难的性格。这首诗本意是讲梅花在寒冷的冬天不畏严寒，傲然盛开，可是大诗人能通过它的芳香辨别出那是梅花。这正是分子运动的结果，显示出了分子的特点。

明代民族英雄于谦在《石灰吟》"千锤万凿出深山，烈火焚烧若等闲。粉骨碎身浑不怕，要留清白在人间。"中以石灰作比喻，抒发自己坚强不屈、洁身自好的品质和不同流合污的精神。实际上，这首七言绝句精辟呈现了石灰生产从原料石灰石（主要成分为碳酸钙 $CaCO_3$）到成品石灰（主要成分为氧化钙 CaO，即"清白"）的整个化工过程。

六、饮食文化中的化学知识

明代李时珍《本草纲目》中的"烧酒"条目下写道："自元时始创其法，用浓酒和糟入甑，蒸令气上……其清如水，味极浓烈，盖酒露也。"这里所用的"法"是指蒸馏这一重要化工工艺；同时，人们在酿酒过程中还使用到了微生物发酵工艺。其实，微生物发酵不光用来酿酒，还可以酿醋。

臭豆腐是一种发酵制成的常见食品，它闻起来臭是因为在腌制及发酵的过程中所含的蛋白质在蛋白酶等作用下得以分解，其中的含硫氨基酸在充分水解后产生了有臭味的硫化氢（H_2S），而它吃起来香是由于其中的蛋白质被分解之后产生了富有鲜美味道的氨基酸。

七、瓷器文化中的化学要素

陶瓷是中国的象征，一部陶瓷史就是一部中国文明史。中国是瓷器的故乡，在英文中瓷器（china）与中国（China）同为一词，瓷器是"小写的中国"。古时西方家庭都为拥有一件中国瓷器作为摆设或用具而自豪，俨然成了当时西方人的一种身份象征，这充分说明了中国瓷器在全世界的深度影响力。因此瓷器不仅仅是器物，更是凝聚着中华民族大智慧的艺术品。五千年来流传沉淀下来的陶瓷器物反映了各个时代的文化特征，成为中华民族宝贵的文化遗产：原始陶器实用绚烂，秦汉陶瓷朴拙典雅，唐代瓷器雄浑大气，宋代瓷器精致内敛，元代瓷器一枝独秀，而明代瓷器浓艳多姿，清代瓷器繁缛富丽，民国瓷器则百花齐放。陶瓷的胎质成分是陶瓷呈现不同釉色的原因，由于不同价态的钒氧化物会呈现不同颜色，所以在瓷器的釉料中加入钒就可以得到虹彩釉瓷器和金光釉瓷器。

陶和瓷其实是两个不同的概念，二者出现的年代、烧制的温度、原料和釉料、质地和透明度等各不相同。中国瓷器是基于陶器制作工艺的发明和创造，这一转变过程体现着中国古人对一些物质及其在高温下化学变化认知的不断深入。

从现代科学的视角看，中国古代烧制瓷器的过程是瓷土中矿物在高温条件下从无规则混合到形成化学键成为部分结晶的过程。这一过程涉及的脱水、脱氧、形成无机高聚物等反应都是典型的无机化学反应。中国古代制瓷工匠对这一复杂过程的控制是建立在千百年来一代代工匠经验积累的基础之上的。古代工匠们对物质及窑变反应的认识没有达到现代化学的高度，也缺乏数学的计量精度，在这样条件下制造出美轮美奂的瓷器堪称奇迹。从这个意义上说，瓷器无愧于中国古代科技和人类文明的标志。

从现代科技的视角来看瓷器制造，瓷器窑变的过程及其成因很复杂，受矿物原料、胎质、器型、工艺、火焰形态等各种因素的影响，即使在科学技术高度发达的今天，工匠对窑变的控制也没有做到尽善尽美，甚至复制不出那些被世人奉为艺术珍宝的瓷器。这并不是说明现代科技比中国古代落后了，而是瓷器制作技术复杂深奥，每一道工序都事关成败。如今，我们已经能用生产瓷器的方法制造无机非金属固体材料和制品（包括传统的硅酸盐瓷器和现代的特征瓷器及纳米瓷器），瓷器在现代焕发出了新的生命力。

 教学分析 •┈┈┈┈┈┈┈┈┈┈┈┈┈┈┈┈┈┈┈┈┈┈┈┈┈┈┈

一、课程思政要素挖掘

1. 勤劳智慧与创新精神

中华传统文化中有许多关于化学工艺的记载，比如造纸术、火药的发明等，体现了古代劳动人民的勤劳与智慧。将这些内容融入教学可以激发学生的民族自豪感和创新精神。例如，讲解造纸术时可介绍古人如何不断尝试不同的材料和方法，最终发明了造纸术，这种勇于探索和创新的精神对学生具有启示意义。

2. 可持续发展理念

传统的化学工艺中也蕴含着可持续发展的思想。比如：古代的冶金技术注重资源的回收利用；中医制药强调人与自然的和谐统一。在教学中可以引导学生思考这些传统工艺中的可持续发展理念，培养学生的环保意识和责任感。

3. 严谨的科学态度

古代化学知识的记载往往经过了长期的实践和验证，体现了古人严谨的科学态度。比如《天工开物》中对各种化学工艺的详细描述，反映了作者宋应星对科学的认真和执着。通过介绍这些内容可以培养学生严谨的治学态度和科学精神。

二、融入教育教学的方法

1. 案例教学

在化学教学中引入中华传统文化中的化学知识记载案例，比如古代的炼丹术、酿酒工艺等，通过分析这些案例引导学生挖掘其中的课程思政要素。例如，在讲解化学反应原理时可以古代炼丹术为例，分析其中的化学反应过程，同时引导学生思考古人在探索化学知识过程中的创新精神和科学态度。

2. 实践教学

结合化学实验课程，设计一些与中华传统文化相关的实验项目，让学生亲身体验古代化学工艺的魅力。例如，组织学生进行古法造纸实验，让学生了解造纸的工艺流程，感受古人的智慧和勤劳，同时在实验过程中培养学生的动手能力和团队合作精神。

3. 文化活动

开展以中华传统文化中的化学知识为主题的文化活动，比如化学知识竞赛、科普讲座、文化展览等。通过这些活动激发学生对化学的兴趣，同时增强学生对中华传统文化的认同感和自豪感。

三、教育教学效果评估

1. 学生反馈

通过问卷调查、课堂讨论等方式收集学生对课程思政融入教学的反馈意见，了解学生的学习体验和收获。根据学生的反馈及时调整教学方法和内容，提高教学效果。

2. 学习成果评估

从知识掌握、能力提升、情感态度等方面对学生的学习成果进行评估。例如：通过考试、作业、实验报告等方式考查学生对化学知识的掌握程度；通过课堂表现、小组项目等方式评估学生的创新能力、团队合作精神等。

总之，将中华传统文化中的化学知识记载的课程思政要素融入教育教学不仅可以丰富教学内容，提高学生的学习兴趣，还可以培养学生的民族自豪感、创新精神、环保意识和科学态度等，具有重要的教育意义。

📁 参考文献

［1］方正军，易兵. 化学化工类课程思政精选案例［M］. 北京：化学工业出版社，2021.

［2］姜涛，葛春华. 化学课程思政元素［M］. 北京：高等教育出版社，2021.

［3］罗胜祖. 化学科普集萃［M］. 长沙：湖南科学技术出版社，1991.

案例 3

东晋葛洪与中国古代化学

从现有资料看，"化学"这一名词在中国最早出现在清朝晚期。如果仅从这一点来判断中国化学史，那么可以说中国古代并没有化学。如果将化学理解为研究物质组成、结构、性质及其变化规律的自然科学，那么中国古代典籍中关于这方面的记载就很丰富了，在医药、农业、服饰、涂料等方面有着广泛的实践。因此，中国古代不仅有化学，并且中国古代化学具有悠久、丰富、独特、多样的历史与成就，对西方化学发展也产生了重要影响。中国古籍中描述化学反应的记载十分丰富，很多记载今天仍为世人所用，其中耳熟能详的是东晋葛洪所著的《肘后备急方》中的记载："青蒿一握，以水二升渍，绞取汁，尽服之。"英国生物化学家、科学技术史专家李约瑟（Joseph Needham，1900—1995 年）在《中国科学技术史》一书第一卷导论中就有这样的表述："人们已经忘记了，整个化学中最重要的根源之一（即使不是最重要的唯一根源）就是地地道道从中国传出的。"李约瑟还在书中称赞葛洪为"4世纪早期最伟大的博物学家兼炼丹术士"。

葛洪（283—363 年），字稚川，自号抱朴子，丹阳郡句容（今江苏句容市）人，是东晋道教理论家、道教学者、著名炼丹家和医药学家，世称小仙翁，也可称为中国早期化学家。葛洪一生著述颇丰，据史志著录，其著作共七十余部九百三十余卷，有《抱朴子》七十卷、《碑颂诗赋》百卷、《军书檄移章表笺记》三十卷、《神仙传》十卷、《隐逸传》十卷、《金匮药方》（又名《玉函方》）百卷、《肘后备急方》四卷，又抄五经七史百家之言、兵事方技短杂奇要三百一十卷，可遗憾的是大多散佚，流传至今的仅十余部百余卷，《正统道藏》和《万历续道藏》共收其著作十三种，包括今天我们能阅读到的代表作《抱朴子》《肘后备急方》等。葛洪的学术内容以道教、医药学和炼丹术三方面为主。其代表作《抱朴子》是我国古代最经典的炼丹文献，该书分内、外两篇：内篇二十卷，论述神仙方药、养生延年、禳邪祛祸之事，继承、改造并全面总结了早期道教的神仙理论，系统总结了晋代前的神仙方术，包含守一、行气、导引等，为医药学积累了宝贵的资料；外篇五十卷，专论人间得失、世事臧否，阐明其社会政治观点。全书将神仙道教理论与儒家纲常名教相联系，融为一体，开融合儒、道两家哲学思想体系之先河，主张神仙养生为内、儒术应世为外。《抱朴子》继承和发展了东汉以来的炼丹方术，对之后道教炼丹术的发展具有很大影响，为研究中国炼丹史以及古代化学史提供了宝贵的史料。葛洪精晓医学和药物学，主张道士兼修医术，其医学著作《玉函方》《肘后备急方》的内容包括各科医学，其中有世界上最早治疗天花等病的记载。

葛洪在化学和中医药学方面的成就影响至今。葛洪的著述是留给我们的重要精神财富，他"不学而求知，犹愿鱼而无网焉，心虽勤而无获矣"的治学思想对今天的人们也具有启迪作用。当然，由于葛洪所处时代的局限，其著作中总体的观点和方法带有不少迷信色彩，但是这并不能抹杀他的历史成就。

一、葛洪的化学成就

葛洪在坚信炼制和服食金丹可得长生成仙的思想指导下，长期从事炼丹实验，在其炼丹实践中积累了丰富的经验，认识了物质的某些特征及其化学反应。他在《抱朴子》中的《金丹》和《黄白》篇中系统地总结了晋代以前的炼丹成就，具体地介绍了一些炼丹方法，记载了大量的古代丹经和丹法，勾画了中国古代炼丹的历史梗概，对隋唐炼丹术的发展具有重大影响，因而成为炼丹史上一位承前启后的著名炼丹家，也为我们提供了原始实验化学的珍贵资料。葛洪炼丹方面的著作是现存比较早而且比较完整的一部，其中关于炼丹方法的记载更具体详细。他摆脱了用隐语著书防止方法外传的狭隘，大方地把炼丹方法和现象公布出来，比前人前进了一大步，可以说这是对两汉以来中国炼丹术早期活动和成就的基本反映和全面总结。他的书语言明晰、条理清楚，学术价值高，在炼丹史上起到了承前启后的重要作用，让世人能够跨过历史的长河了解中国古代化学的研究状况。

把葛洪看作中国古代化学家，这是因为他在著作中记录了很多有价值的化学发现和化学方法，其中涉及许多我们所熟知的化学反应和化学现象。《抱朴子·金丹》记载了朱砂与水银的化学转化关系，"凡草木烧之即烬，而丹砂烧之成水银，积变又还成丹砂。"丹砂即红色的硫化汞（HgS），经加热燃烧后，硫被氧化成为二氧化硫，分离出液体状态的水银（即汞，Hg），再使水银与硫黄化合生成了黑色硫化汞，通过加热使它恢复成红色的硫化汞晶体。这一过程反映出化学反应的可逆性，此化学成就可以称得上中国古代化学史上的里程碑。葛洪还在炼丹过程中详细记录了铅的氧化反应和还原反应，"铅性白也，而赤之以为丹，丹性赤也，而白之以为铅。"铅可以变为铅白，即碱式碳酸铅；铅白又可以变成赤色的铅丹，即四氧化三铅；铅丹可以变为白色的铅白，最后恢复为铅。在《抱朴子·仙药》中葛洪详细地介绍了 6 种处理雄黄的方法，其中一种方法提到了通过分解反应得到氧化砷的过程，即通过沸水或水蒸气使雄黄分解生成氧化砷。另外一种方法是用硝石、松脂和猪大肠与雄黄共炼制得氧化砷和一定量的金属砷，这也是世界上关于制备单质砷最早的可靠记录，比西方化学家从砷化物中制得单质砷早了近900年。葛洪著作中关于化学反应的记载还有很多，比如金属置换、取代反应、升华现象等，所使用的材料非常广泛，涉及铜青、丹砂、水银、雄黄、矾石、云母、戎盐、曾青、铅丹等几十种。比如，葛洪在著作中还记载了雌黄（As_2S_3）和雄黄（As_4S_4）加热后升华直接成为结晶的现象。

二、葛洪的中医药学成就

葛洪在中医药学领域也成就非凡。其医学著作《肘后备急方》是他多种医学著作中至今仍然流传于世的唯一书籍，有人认为《肘后备急方》是"古代的中医诊疗手册"。其中"肘后"是随身携带的意思。葛洪原先著作《金匮药方》百卷因浩繁不便携带，乃将其中救急、多见、简要、实用的部分摘录成《肘后救卒方》三卷。这本书在流传过程中经梁朝陶弘景增补改名为《补阙肘后百一方》，后来金代杨用道等再行增补一次更名为《肘后备急方》。书中收集了大量救急用的方子，都是葛洪在行医、游历的过程中收集和筛选出来的，他特地挑选了一些比较容易弄到的药物，即使必须花钱买也便宜，改变了之前的救急药方不易懂、药物难找、价钱昂贵的弊病。最难能可贵的是葛洪已经开始研究急病（即急性传染病），他认为急病不是神引起的，而是中了外界的疠气，即指出急病是外界的物质因素引起的，这在当时是十分开明的见解。葛洪尤其强调灸法的使用，用浅显易懂的语言清晰明确地注明了各种灸的使用方法。他在书中的很多记载创造了世界之最，例如：他是最早观察和记载结核病的人；他记载了狂犬病并尝试去治疗，他的治疗方法含有科学道理，体现了免疫的思想萌芽，比欧洲的免疫学专家巴斯德早了1000多年；他记载了天花的发病过程和症状，比西方医学家认为的最早记载早500多年；他还发现了沙虱是传染疾病的媒介，这一记载比美国人帕姆在1878年的记载还早1500多年。葛洪在序言中说，"又见周甘唐阮诸家，各作备急，既不能穷诸病状，兼多珍贵之药，岂贫家野居所能立办？""率多易得之药，其不获已，须买之者，亦皆贱价，草石所在皆有"，体现出葛洪为贫苦患者着想的精神。另外，葛洪在《抱朴子·仙药》中详细地记载并说明了众多药材的形态特征、主要产地、生长习性、入药部分及治病作用等，对中国后世医药学的发展产生了巨大的影响。他还提出了很多治病的简单药物和方剂，其中有些已被证实是特效药。

葛洪之所以被称为中国早期的化学家，在于他在炼丹过程中的某些发现和方法类似于近现代化学的发现和方法。中国古代炼丹家的炼丹目的是长生不老、修身养性，尽管和古代阿拉伯及西方的有些炼金家图利有所不同，但是他们的目标都是不正确的，因而其努力也是无效的。但是他们的实验方法却证明了化学中金属之间的转化是不可能的，在化学史上绝不能埋没他们的功劳。

一、课程思政要素挖掘

1. 勇于探索的科学精神

葛洪在东晋时期对化学等领域进行了积极探索。他不畏艰难，通过大量的实践和观察积累知识。这种勇于探索未知的精神可以激励学生在学习化学以及其他学科时敢于质疑、勇于尝试新的方法和思路。例如，在讲解化学实验方法或新的化学概念时可以提及葛洪的探索精神，鼓励学生大胆进行实验设计和创新思维。

2. 坚持不懈的毅力

葛洪在研究过程中付出了巨大的努力，坚持不懈地追求知识。他的著作《抱朴子》涵盖了丰富的化学知识和炼丹术记载，这是长期坚持的成果。教育教学中可以葛洪的经历为例，引导学生认识到：在学习和研究中遇到困难时不能轻易放弃，要有持之以恒的毅力去攻克难题。

3. 传统文化的传承与创新

葛洪的著作体现了东晋时期对古代化学知识的传承与发展。他在继承前人成果的基础上进行创新和改进。这一要素可以启发学生重视传统文化的价值，学会从传统文化中汲取营养，并结合现代科学技术进行创新，为推动学科发展和社会进步贡献力量。

二、融入教育教学的方法

1. 故事讲述

在化学课堂上可以讲述葛洪的生平故事和他在化学领域的贡献。通过生动的故事吸引学生的注意力，激发他们对化学历史的兴趣。例如，讲述葛洪炼丹过程中对化学反应的观察和记录，让学生了解古代化学实验的方法和意义。

2. 文献阅读与讨论

引导学生阅读葛洪的《抱朴子》等相关文献，组织学生进行讨论。让学生分析其中的化学知识和思想，探讨葛洪的研究方法对现代化学的启示。通过文献阅读和讨论培养学生的批判性思维和分析问题的能力。

3. 实验设计与探究

结合葛洪的化学实验记载，设计一些实验探究活动。让学生亲身体验古代化学实验的过程，感受古人的智慧和创造力。例如，根据葛洪的炼丹方法设计一些简单的化学反应实验，让学生观察和分析实验现象，培养他们的实验操作能力和科学探究精神。

三、教育教学效果评估

1. 学生作业与报告

布置与葛洪、中国古代化学相关的作业和报告，要求学生阐述自己对葛洪的科学精神、传统文化传承与创新等方面的理解和体会。通过学生的作业和报告评估他们对课程思政要素的掌握程度和思考深度。

2. 课堂表现与参与度

观察学生在课堂讨论、实验探究等活动中的表现和参与度。评估他们对葛洪与中国古代化学的兴趣和积极性，以及是否能够将课程思政要素内化为自己的价值观和行为准则。对于积极参与的学生给予及时的鼓励和表扬，激发更多学生的学习热情。

3. 考试与测验

在化学考试中，可以适当设置一些与葛洪和中国古代化学相关的题目，考查学生对课程思政要素的理解和应用能力。例如，让学生分析葛洪的某一化学实验方法的原理和意义，或者探讨葛洪的科学精神对现代化学研究的启示。

总之，将东晋葛洪与中国古代化学的课程思政要素融入教育教学中可以丰富化学课程的内涵，培养学生的科学精神、毅力和创新能力，同时也有助于传承和弘扬中华优秀传统文化。

📁 参考文献

［1］林承志. 化学之路——新编化学发展简史［M］. 北京：科学出版社，2011.

［2］姜涛，葛春华. 化学课程思政元素［M］. 北京：高等教育出版社，2021.

中国"近代化学之父"徐寿

徐寿（1818 年 2 月 26 日—1884 年 9 月 24 日），字生元，号雪村，江苏无锡人，清末著名科学家，中国近代化学的启蒙者、中国近代造船工业的先驱、中国现代科学教育的开创者。他曾与华蘅芳等合制中国第一艘汽船，首创新汉字以命名化学元素，也是第一个在《自然》杂志发表文章的中国人。他初为安庆军械所工程技术人员，后在上海江南机器制造总局翻译馆多年，译有《化学鉴原》《化学考质》等书，系统地介绍了 19 世纪 70～80 年代化学知识的主要内容。1875 年，徐寿在上海创办"格致书院"，开始化学实验的演示工作，对中国近代化学的发展起到了先驱作用，因对中国化学工业的探索和实践被誉为"中国近代化学之父"。

一、从科举落地到科学启蒙：投身洋务，展露才华

徐寿出生在一个没落的郊外地主家庭。年少时，徐寿学过经史，研修过诸子百家，因有一些独到见解而受到乡人的称赞，但是他没有考中秀才，于是放弃了通过科举做官的打算。徐寿开始自学天文、历法、算学，还学习了几何、力学、矿产、汽机、医学、光学、电学等领域的近代科学知识，也经常根据书中的提示做些实验。1856 年，徐寿在上海阅读了英国人编著的《博物新编》的中译本。这本书介绍了氧气、氮气和其他一些化学物质的知识，还介绍了一些化学实验。徐寿对这些知识和实验十分感兴趣，他购置了一些实验药品和器具，并根据《博物新编》中的内容边学习边实验。这时的徐寿已经成为远近闻名的学者了。

徐寿经历了我国晚清"师夷长技以制夷"的洋务运动的蓬勃开展时期，目睹了洋务派所进行的引进西方军事装备、机器生产和科学技术的运动，亲身参与了洋务运动中的重要活动。我国第一台蒸汽机、第一艘轮船、第一艘军舰、第一所教授科技知识的学校、第一场科学讲座、第一本科技期刊、第一份元素周期表的翻译都与徐寿有直接的关系。因此，博学多才的徐寿深得洋务派领袖曾国藩、左宗棠、张之洞的赏识。

1861 年，徐寿与华蘅芳等人到安庆军械所工作，入曾国藩幕，在此他的第一项

任务是建造机动轮船。他根据《博物新编》一书中蒸汽机的知识和对外国轮船的实地考察，同他人经过三年多的努力，于1865年制造了中国造船史上第一艘以蒸汽为动力的木质轮船，这艘轮船被命名为"黄鹄号"。徐寿在造船期间还翻译了关于蒸汽机的专著《汽机发轫》，这是他翻译的第一本科技书籍，此后徐寿对译书工作倍加努力。

1866年底，徐寿受曾国藩派往上海襄办江南机器制造总局。他为江南机器制造总局提出了四项建议：一为译书；二为采煤炼铁；三为自造枪炮；四为操练轮船水师。徐寿把翻译书籍放在首位，认为译书不仅可以使更多的人学到系统的科学技术，还能习得科学的方法和精神。为了推进译书工作，1868年，徐寿在江南机器制造总局建立了翻译馆，招聘一些西方学者和懂得西学的国内人才；在江南机器制造总局造出中国第一艘机器轮船，名震朝野，闻名海内外；在上海首先建立化学工业，翻译和撰写军火生产技术的书籍和文章，并亲自参加军火生产实践，从事黑火药及其改良剂型栗色火药生产技术的指导工作，试制硝棉无烟火药和作为引爆药的雷酸汞。1874年，徐寿在江南机器制造总局火药厂成功地采用铅室法研制出生产无烟火药的主要化工原料硫酸和硝酸。

二、化学拓荒者：开创书院、翻译著作与元素命名

晚年的徐寿专注于翻译书籍、科学教育及科学宣传普及事业。徐寿和傅兰雅将当时西方近代的无机化学、有机化学、定性分析、定量分析、物理化学部分内容和化学实验及仪器使用方法等较为完整、系统地引入中国，最后整理成为最早新式学堂的教材，也是清末科举增设算学一科取士的参考书，并成为大科技工作者的必要读物，在我国流行了近半个世纪。

1875年，徐寿和英国传教士傅兰雅等人在上海创办了格致书院。这是中国第一所传授科学技术知识的学校，为中国兴办近代科学教育起到了示范作用。1876年，徐寿编辑出版了我国早期专门介绍自然科学的中文综合科技期刊——《格致汇编》，传播科技知识。格致书院和《格致汇编》对我国近代教育文化的发展具有重大影响。

徐寿对化学的贡献主要体现在他翻译的13部化学书籍和工艺书籍。徐寿翻译的化学著作有《化学鉴原》《化学鉴原续编》《化学鉴原补编》《化学求质》《化学求数》《物体遇热改易记》《化学材料中西名目表》，加上次子徐建寅翻译的《化学分原》，合称"化学大成"，将当时西方近代的无机化学、有机化学、定性分析、定量分析、物理化学及化学实验仪器和方法做了比较系统的介绍。这些书和徐寿译著的介绍当时欧洲工业技术的书籍《西艺知新初集》《西艺知新续集》被公认是当时最好的科技书籍。此外，徐寿在长期译书过程中还编制了《西药大成药品中西名目表》，这对近代化学在中国的传播和发展发挥了重要作用。

徐寿译书的过程是根据西文的较新版本，由传教士傅兰雅口述，徐寿笔译。徐

寿在翻译《化学鉴原》（该书摘译自1858年美国人韦尔斯所著的《化学原理与运用》的无机化学部分，于1871年出版）的过程中遇到了化学元素名称的翻译问题。而19世纪的中国没有外文字典，把西方科学技术中的术语准确地用汉语加以表述绝非易事。当时，大部分化学元素名称和化学专业术语在汉字里没有现成的名称，需要译者具有一定的化学修养和创造性的翻译技巧，为此徐寿和傅兰雅花费了不少心血，并在《化学鉴原》一书中首创了化学元素汉语译名的原则：一是"原质之名，中华古昔已有者仍之，如金银铜铁铅锡汞硫磷碳是也"，即汉字中原有的元素名，如金、银、铜、铁、铅、锡、汞、硫、磷、碳等元素，仍然继续沿用。二是"昔人所译而宜者亦仍之，如养气、淡气、轻气是也"，即前人翻译的元素名，如"养气""淡气""轻气"等较为恰当的名称继续沿用。三是"此外尚有数十品皆为从古所未知，或虽有其物而名仍阙如，而西书赅备无遗，译其意义，殊难简括；全译其音，苦于烦冗。今取罗马文之首音，译一华字，首音不合，则用次音，并加偏旁以别其类而读仍本音"，即：对于不符合第一、第二原则的元素名，一律按照其罗马音的首音（或次音）选取同音汉字，并配上金、石等表示特质的偏旁，用于化学元素的译名。徐寿的译著《化学鉴原》所录64种元素的译名虽然经多次修订仍然有47种一直沿用至今，这是他的一大贡献。

三、科技开路人：科学精神熠熠生辉

英国 Nature（《自然》）杂志是在国际学术界享有盛誉的综合性科学周刊，自1869年创刊以来，以报道科学世界中的重大发现、重要突破为使命，被引用的次数名列世界第一。该杂志曾于1881年3月10日以《声学在中国》为题刊发了一篇来自中国的论文，这是《自然》杂志发表的第一篇由中国人撰写的论文。该论文写道："一支开口的铜管，9英寸（1英寸=2.54厘米）长，用上唇抵住管口的一端，通过吹奏口吹之，便产生某一个音调。如截掉一半，再吹余下的4.5英寸铜管，则不能发出高八度的音。但是，如果再截去半英寸，留下4英寸长的管，高八度的音就能准确地发出来。我取不同长度、不同直径的乐管做实验，结果相同。也就是说4：9管长比总能发出准确性所差甚微的高八度或低八度的音。"这篇论文虽篇幅不长，但在中国近代科技史上具有重要的意义，它标志着100多年前中国人学习西方科学技术取得了一定的成果。在这篇论文的编者按中，编辑斯通博士写道："（这篇论文）以真正的现代科学矫正了一项古老的定律，这个鲜为人知的事实的证实，竟来自那么遥远的（中国），而且是用那么简单的实验手段和那么原始的器具来实现的，这是非常出奇的。"这篇具有重大意义的论文作者就是徐寿。

在科技极度落后的晚清时期，徐寿不仅研究了声学，还系统地向中国推介近代科学技术的基础知识，对近代化学在中国的传播和发展发挥了重要作用。徐寿是中国近代科技知识分子的开路人，他远远地走在了闭关锁国、故步自封的封建王朝前面。他是中国近代最早睁眼看世界的人，也是近代中国科技的开路人。他勤勤恳恳地致力于引进和传播西方先进的科学技术，对我国的科学技术发展做出了卓越的贡献。徐寿所展现的人文理念和科学精神在他去世的 100 多年之后依然熠熠生辉。

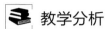 教学分析 •••

一、课程思政要素挖掘

1. 爱国情怀与民族担当

徐寿身处晚清内忧外患的时代，却毅然投身化学知识的传播与科学技术的引进，以"师夷长技以制夷"为信念，通过翻译西方化学著作、创办科技期刊、制造蒸汽船等实际行动打破了西方技术的垄断，推动了中国近代科技发展。他将个人理想与国家命运紧密相连，这种强烈的爱国精神和民族担当是激发学生家国情怀、增强民族自豪感与责任感的鲜活素材。

2. 科学精神与创新意识

在当时化学知识匮乏、实验条件简陋的情况下，徐寿凭借对科学的执着追求，通过反复实验和研究翻译出大量化学术语，创造性地采用音译结合意译的方法，例如将"element"译为"元素"，构建了中国化学术语体系，为中国化学教育和研究奠定了基础。他敢于突破传统思维、勇于探索未知的科学精神和创新意识，能够激励学生在学习和科研中培养严谨的治学态度、探索精神和创新思维。

3. 教育情怀与奉献精神

徐寿致力于科学教育事业，积极传播化学知识，创办格致书院，开展化学讲座和实验演示，培养了众多科学人才，为中国近代科学教育的发展做出了卓越贡献。他无私奉献、潜心育人的教育情怀能够引导学生树立正确的价值观，培养敬业精神和社会责任感，使其明白个人价值的实现与为社会发展做贡献紧密相关。

4. 文化自信与文化传承

徐寿在翻译化学著作和构建化学术语体系时巧妙地融合了中华传统文化元素，使西方化学知识能够更好地在中国落地生根。这一过程体现了对中华传统文化的自信与传承，有助于学生认识到中华传统文化的深厚底蕴和强大生命力，增强文化自信；同时也让学生明白在吸收外来先进文化的同时，要注重传承和弘扬本民族文化。

二、融入教育教学的方法

1. 课堂教学融入

（1）故事导入：在化学课程开始前讲述徐寿的生平事迹和重要贡献，比如他翻译《化学鉴原》的艰辛过程、参与制造中国第一艘蒸汽动力船"黄鹄号"的故事等，吸引学生注意力，激发学习兴趣，同时引导学生思考科学与国家发展的关系。

（2）知识点关联：在讲解化学术语、化学史等相关内容时引入徐寿的贡献，分析他创造化学术语的思路和方法，让学生体会科学创新的过程，培养学生的科学思维和创新意识。例如，在学习元素周期表时介绍徐寿对元素中文名称的翻译贡献，引导学生理解化学知识传播与文化融合的重要性。

（3）案例分析：以徐寿的科研和教育实践为案例，组织学生进行讨论和分析。比如：探讨徐寿在简陋的实验条件下如何开展研究，引导学生思考在面对困难时应如何保持科学精神和探索欲望；分析徐寿创办格致书院对中国近代科学教育的影响，培养学生的教育情怀和社会责任感。

2. 实践教学融入

（1）实验设计：在化学实验教学中借鉴徐寿勇于探索、严谨治学的精神，引导学生自主设计实验方案，培养学生的创新能力和实践能力。例如，设置开放性实验课题，鼓励学生像徐寿一样通过查阅资料、反复尝试解决实验中遇到的问题。

（2）科研项目：组织学生参加与化学史、化学知识传播等相关的科研项目，比如研究徐寿翻译化学术语对现代化学教育的影响，让学生在实践中深入了解徐寿的贡献，培养学生的科研兴趣和团队协作精神，同时增强学生对化学学科的认同感和使命感。

3. 第二课堂活动融入

（1）主题讲座：邀请化学史专家或相关领域学者举办关于徐寿的主题讲座，深入解读徐寿的科学成就和精神内涵，拓宽学生的知识面，加深学生对课程思政要素的理解。

（2）文化活动：开展以徐寿为主题的文化活动，例如演讲比赛、征文活动、话剧表演等，让学生在参与活动的过程中更加深入地感受徐寿的精神品质，培养学生的表达能力和综合素质，同时营造良好的校园文化氛围。

三、教育教学效果评估

1. 学生学习成果评估

（1）知识掌握：通过课堂测试、期末考试等方式考查学生对化学知识以及徐寿相关化学史知识的掌握程度，了解学生是否通过课程学习，深入理解了徐寿在化学领域的贡献和化学知识的发展历程。

（2）能力提升：观察学生在实验设计、科研项目、课堂讨论等环节中的表现，评估学生的创新能力、实践能力、团队协作能力和问题解决能力是否得到提升，判断徐寿的科学精神和创新意识是否对学生产生积极影响。

（3）价值观塑造：通过学生的课堂发言、作业、活动表现等，分析学生的家国情怀、科学精神、教育情怀、文化自信等价值观的形成情况，例如观察学生在讨论国家科技发展问题时的态度和观点，判断学生是否树立了正确的价值观，是否具备了社会责任感。

2. 教学过程评估

（1）教师教学：通过同行听课、学生评价等方式评估教师在教学过程中对徐寿课程思政要素的挖掘和融入是否恰当、自然，教学方法是否有效，能否激发学生的学习兴趣和情感共鸣，是否达到了课程思政与化学教学的有机融合。

（2）教学资源：评估与徐寿相关的教学资源，比如教材内容、案例素材、多媒体资源等的质量和适用性，是否能够充分展示徐寿的精神品质和科学成就，是否有助于学生理解和接受课程思政要素。

3. 长期跟踪评估

（1）毕业生反馈：对毕业生进行跟踪调查，了解他们在工作和学习中是否运用了从徐寿精神中汲取的力量，是否保持了爱国情怀、科学精神和社会责任感，评估课程思政教育的长期效果。

（2）社会评价：关注社会对学生的评价，了解学生在社会活动、志愿服务、职业发展等方面的表现，判断学校通过融入徐寿课程思政要素的教育教学，是否培养出了具有良好道德品质和社会责任感的优秀化学专业人才，从而评估教育教学的社会影响力。

📁 参考文献 •··

［1］林承志．化学之路——新编化学发展简史［M］．北京：科学出版社，2011.

［2］姜涛，葛春华．化学课程思政元素［M］．北京：高等教育出版社，2021.

［3］叶俊伟．化学化工课程思政素材选编［M］．北京：化学工业出版社，2025.

侯德榜与中国民族工业

侯德榜（1890 年 8 月 9 日—1974 年 8 月 26 日），我国第一位制革博士、著名科学家、杰出化学家、侯氏制碱法创始人、重化学工业开拓者、近代化学工业奠基人之一，世界制碱业权威。侯德榜从"科学救国"的愿望出发，为振兴中国化学工业奋斗了一生，其"侯氏碱法"推动了中国及世界化学工业的进步，科学界称誉他为"科技泰斗，士之楷模"。他一生充满传奇色彩，备受敬重。

一、揭秘索氏制碱法

碳酸钠（$NaCO_3$），俗名纯碱、苏打，是人类生活和生产不可或缺的化学物质。在 19 世纪末至 20 世纪中叶，作为纺织、造纸、玻璃、食品等行业的重要原料的纯碱的制造技术是衡量一个国家工业水平的重要指标。然而，制碱技术在很长一段时间里被外国封锁，严重影响了中国人的生活，也制约了中国民族工业的发展。直到 1943 年，侯德榜发明了"侯氏联合制碱法"，才打破了制碱技术长期被洋人垄断的被动局面，实现了国人制碱的梦想，为中国化学工业的发展写下了光辉的一页。

侯德榜生于福建省闽侯县坡尾乡的一个普通农家，1913 年公费留学美国麻省理工学院，1916 年毕业并获得学士学位，先后于 1919 年、1921 年获得哥伦比亚大学硕士学位和博士学位。1921 年 10 月，侯德榜接受天津永利制碱公司创办人、总经理范旭东（民族工业家、中国化学工业奠基人，被誉为"中国民族化学工业之父"）聘请，回国出任永利公司天津塘沽碱厂技师长（即总工程师），全面负责索尔维制碱技术攻关工作，开启了中国探索制碱工艺的历程。

在工业制备手段成熟前，人们主要从盐湖和草木灰当中提取纯碱。18 世纪下半叶，随着欧洲现代纺织业的兴起，棉纱在染色和印花之前需要用纯碱洗涤，纯碱需求量增加导致天然碱供不应求，需要工业制碱满足需要。法国医师尼古拉斯·勒布朗发明了"勒布朗法"制取纯碱，率先成功研究出通过食盐制纯碱工艺。这是人类历史上第一次人工制取纯碱，是化学工业兴起的重要里程碑，但是该制碱法自身存在的三大缺陷使之不能被广泛应用：一是所得盐酸是严重污染物；二是副产品磷化钠很难处理；三是该方法对反应温度要求很高，煤耗大，工人劳动强度也很大。

1861 年，比利时工业化学家索尔维欧内斯特·索尔维（Ernest Solvay，1838—1922 年）发明了"氨碱法"，也称"索尔维制碱法、索氏制碱法"，以食盐、氨溶液、二氧化碳为原料混合制成碳酸钠。索氏制碱法产量高、质量优、成本低、能连续生产，当然也有不足：首先，原料食盐的利用率只有 70%；其次，在那个年代，合成氨工业还不成熟，原料氨是非常稀有的物资。为了降低成本，必须把产物里的氯化铵恢复成氨循环利用，于是索尔维让氯化铵与氢氧化钙反应生成氯化钙，而氯化钙是一种易溶于水的废渣。

索氏制碱法迅速取代了勒布朗法，开启了人类制碱工业的全新时代。索氏制碱法的原理在今天看来很简单，但是在 100 多年前科技和工业不甚发达的时代，这是打开财富之门的金钥匙，因而掌握索氏制碱法的国际垄断公司为了独享制碱技术成果采取了严密的封锁措施，使外人对此新技术一无所知。一些技术专家想探索此项技术的秘密，但大都以失败告终。此后，英、法、德、美等国相继建厂生产纯碱，对其他国家进行技术封锁。20 世纪初之前，除了来自内蒙古的"口碱（盐湖天然碱）"，中国只能向英国卜内门公司购买"洋碱"。第一次世界大战期间由于交通不便，我国纯碱进口缺乏，严重制约了以纯碱为原料的民族工业的发展。

侯德榜要掌握索氏制碱法制碱，只得完全靠自己进行摸索，但是这一过程绝对没有因为他这样的"清华学霸、美国海归"而易如反掌。在制碱技术和市场被外国公司严密垄断下，永利公司用重金购买到一份索氏制碱法的简略资料。侯德榜埋头钻研这份难得的资料，从曾在欧美企业工作过的工人那里了解生产细节，结合自己的化学知识，带领广大职工长期艰苦努力，突破了技术和经济上的重重阻碍、难题，经过紧张而又辛苦的几个寒暑奋战，终于掌握了索氏制碱法的各项技术要领，从原理到工艺破解了索氏制碱法。1926 年 6 月 29 日，永利碱厂终于成功仿制生产出了纯度在 99% 以上、超过卜内门"洋碱"的优质纯碱，"红三角"牌纯碱从此行销国内外。1928 年 8 月，永利制碱厂在美国费城万国博览会上展出了"红三角"纯碱并被授予大会金质奖章，这被誉为"中国近代工业进步的象征"。从此声誉日盛，迫使卜内门公司签订在日本代销"红三角"纯碱的协议，允许中国加入商业联盟，把纯碱远销往日本、朝鲜和东南亚等国。到 1931 年，"红三角"牌纯碱产量达到了 180 吨/天，这一袋袋的纯碱是中华民族的骄傲，它象征着中国人民的志气和智慧，意味着中国民族化学工业的崛起！

侯德榜摸索到了索氏制碱法的奥秘，本可以高价出售其专利而大发其财，但是他主张把这一秘密公之于众，让世界人民共享这一科技成果。于是，侯德榜把制碱法的全部技术，以及他十余年的亲身制碱实践经验总结和研究成果写成专著《纯碱制造》（*Manufacture of Soda*），并于 1932 年在美国纽约以英文出版，书中将氨碱法工业的全部理论和技术秘密以及美国各大碱厂的内部技术公之于世，从此揭开了索氏制碱法的神秘面纱，打破了帝国主义的"洋碱"垄断，大长了国人的志气，在世界学术界和工业界都产生了深远影响。

二、发明侯氏制碱法

1937 年，日本帝国主义发动侵华战争，他们看中了南京硫酸铵厂，为此想收买侯德榜，但是遭到他的严正拒绝。为了不使工厂遭受破坏，侯德榜决定把工厂迁到四川省西南部五通桥附近，新建了一个永利川西化工厂。侯德榜到四川后愈发认识到索氏制碱法中食盐利用率不高的致命缺点，这在盐价高昂的中国内地被放大了。四川所用井盐要从千米深井里打出盐卤再熬制，比海盐费钱费工。五通桥一带的卤水浓度低，盐价昂贵，加之在该地区排放废液也有困难，若再使用索氏制碱法，永利工厂的生产就无法维持，侯德榜决定另辟蹊径，研发设计新的制碱生产工艺。他首先分析了索氏制碱法的巨大缺点，发现主要在于原料中各有一半的成分没有利用上，只用了食盐中的钠和石灰中的碳酸根，二者结合才生成了纯碱，食盐中另一半的氯和石灰中的钙结合生成的氯化钙都没有利用上。那么怎样才能使另一半成分变废为宝呢？他设计了很多方案，但是都被一一否决了。后来侯德榜想到把索氏制碱法和合成氨法结合起来，这样氯化铵既可作为化工原料，又可作为化肥，还可以大大提高食盐的利用率，同时又省去石灰窑、化灰桶、蒸氨塔等许多设备。于是他又带领技术人员做起了循环试验，经历了 500 多次失败，分析了 2000 多个样品，1939 年才基本摸清了制碱新法的工艺条件，1941 年扩大试生产进展顺利，确立了制碱新法的成功。这一新工艺是氨碱法的重大革新，将制氨和制碱组合在一起进行联合生产：氨厂提供氨和二氧化碳给碱厂。氨厂母液里的氯化铵用加入食盐的办法使其结晶，利用合成氨系统排出二氧化碳可以省去庞大、耗能的石灰窑，也可以省去氨碱法中所用的蒸馏设备，减少了 1/3 设备，同时获得两种工农业需要的产品纯碱和氯化铵；老生产工艺中污染环境的副产品氯化钙可转化成为对农作物有用的化肥氯化铵；食盐溶液可循环使用，将食盐的利用率提高到 96%。这一新方法缩短了反应流程，减少了对环境的污染，克服了氨碱法的不足，同时实现了氮肥氯化铵的联产，降低了纯碱成本，具有显著的节能效果，其优越性大大超过了索氏制碱法，把世界制碱技术水平推向了一个新的高度，从而开创了世界制碱工业的新纪元。在中华民族艰苦卓绝的抗日战争中研制成功中国人自己的制碱法，这不仅是中华民族的荣耀，更是世界制碱工业史上一座光辉灿烂的丰碑。

1941 年 3 月 15 日，总经理范旭东在永利川西化工厂的厂务会议上亲自提议命名新的制碱法为"侯氏制碱法"。1942 年，侯氏制碱法进行连续试生产。1943 年，中国化学工程学会一致同意将这一新的联合制碱法命名为"侯氏联合制碱法"，现又称为侯氏制碱法、循环制碱法或双产品法。

三、科技报国楷模

1949 年新中国成立前夕,侯德榜在刘少奇邀请下辗转从印度绕道香港、仁川到北京,聂荣臻亲自到火车站迎接,周恩来专程看望他。毛泽东在中南海亲切会见侯德榜时说:"革命是我们的事业,工业建设要看你们的了!希望我们共同努力建设一个繁荣富强的新中国。"1950 年,侯德榜被任命为重工业部化工局技术顾问、化学工业部化工技术委员会主任,组织了日产 10 吨的侯氏制碱法扩大生产实践。后来,侯德榜参与了全国化学工业和科技事业的许多重要决策,领导了化工行业许多重大科技活动,在他的建议和指导下对联合制碱新工艺继续进行补充试验和中间试验,1962 年实现了工业化和大面积推广,成为中国生产纯碱和化肥的主要方法之一。侯德榜于 1957 年 9 月加入中国共产党,1974 年在北京病逝。

侯德榜一生在化工技术上有三大贡献:第一,揭开了索氏制碱法的秘密;第二,创立了中国人自己的制碱工艺侯氏制碱法,主持建成亚洲第一座纯碱厂;第三,便是他为发展我国小氮肥工业所做出的贡献。侯德榜是一位杰出的科学家,并为祖国的化工事业奋斗终身。他凭借着严谨的科研态度发明了世界制碱领域最先进的技术,证明了中国人有搞好重工业的实力。侯德榜不畏艰难、鞠躬尽瘁,用奋斗的一生书写了中国近代化学上的光辉篇章,犹如一块坚硬的基石托起了中国现代化学工业的大厦。

侯德榜是具有科学和报国精神的一代工业大师,用一生的奋斗历程展示了赤子爱国之心、振业兴邦之志、鞠躬尽瘁之情、实事求是之魂,其笃信科学实业救国的崇高精神深深感染着后人。他是一位无私的实干家,真正做到了让科学技术造福全人类。侯德榜具有创业精神和实干精神,常常身先士卒同工人们一起劳动,赢得了工人们的赞赏和钦佩。他更像是一位辛勤的园丁,积极传播和交流科学技术,培养了一批又一批技术骨干,培育了很多科技人才,他们都以侯德榜为榜样,在各自的岗位上为中国化工事业的发展和壮大贡献力量,为发展中国科学技术和化学工业做出了卓越贡献。

侯德榜具有许多难能可贵的精神,尤其怀有严谨求实的科学态度和心系祖国的赤子情怀,他是当之无愧的国之脊梁和吾辈楷模。侯德榜始终牢记自己是一个中国人,他常说:"我的一切发明都属于祖国!"面对印度塔塔公司高薪聘请,侯德榜的回答是:"科学没有国界,但是科学家是有祖国的。我的祖国需要振兴工业、发展经济,我决不能离开自己的国家和 20 多年苦乐与共的事业而留在印度。"乱世之中,他扛起了科技复兴的使命。

一名青年曾问侯德榜:"一个潜心科学的学者在成功之后应该注意些什么?"侯德榜引用诺贝尔文学奖获得者泰戈尔的名言回答:"鸟的翅膀系上黄金,就再也飞不起来了。"

时光飞逝，但侯德榜的事迹从未被淡忘。中国邮政 1990 年发行邮票纪念侯德榜，中国化工学会1999 年又以他的名字设立"侯德榜化工科学技术奖"，用于表彰优秀的化工科技工作者。

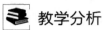 教学分析 •···

一、课程思政要素挖掘

1. 爱国情怀与民族精神

侯德榜心系祖国，放弃国外优厚条件回国发展，致力于振兴我国民族工业。他的行动体现了强烈的爱国情怀和民族精神，可以激励学生树立为国家富强、民族振兴而努力学习的志向。例如，在课堂上讲述侯德榜毅然回国的故事，引导学生思考个人命运与国家命运的紧密联系，激发学生的爱国热情。

2. 创新精神与科学态度

侯德榜不断创新，发明了侯氏制碱法，打破了国外技术垄断。他在科研过程中严谨认真、精益求精，展现了创新精神和科学态度。这可以培养学生勇于探索、敢于创新的品质以及严谨务实的治学作风。比如，通过介绍侯氏制碱法的创新之处让学生体会创新的重要性。同时，强调侯德榜在实验中的严谨操作和对数据的精确要求，培养学生的科学精神。

3. 坚韧不拔的毅力与奋斗精神

侯德榜在研发过程中面临诸多困难和挑战，但他坚持不懈，克服重重困难，最终取得成功。这种坚韧不拔的毅力和奋斗精神可以鼓舞学生在面对学习和生活中的困难时不轻易放弃，努力拼搏。讲述侯德榜在困难时期坚持科研的故事，让学生感悟坚持和奋斗的力量，培养学生的坚韧品质。

4. 社会责任感与奉献精神

侯德榜的发明为我国民族工业的发展做出了巨大贡献，他以实际行动践行了社会责任感和奉献精神。这可以引导学生认识到自己作为社会一员的责任，培养学生为社会做贡献的意识。例如，分析侯德榜的发明对社会的影响，让学生思考如何运用自己的知识和技能为社会服务。

二、融入教育教学的方法

1. 课堂教学

在化学、历史等课程中结合教学内容，介绍侯德榜的事迹和成就。通过讲解、讨论、案例分析等方式，引导学生挖掘其中的思政要素。比如：在化学课上讲解制碱工艺时引入侯氏制碱法，分析其创新点和意义；在历史课上，讲述侯德榜所处的时代背景和他对我国民族工业的贡献。

2. 实践教学

组织学生进行化学实验、科技创新等实践活动，让学生亲身体验科学研究的过程，培养学生的创新能力和实践能力。同时，引导学生学习侯德榜的科学精神和奋斗精神。例如：设计与制碱相关的实验，让学生在实验中感受创新的乐趣；或者组织学生参加科技创新比赛，鼓励他们像侯德榜一样勇于挑战。

3. 课外阅读与研究性学习

推荐学生阅读有关侯德榜的书籍、文章，观看相关的纪录片或电影，拓宽学生的知识面。同时，组织学生开展研究性学习，深入探究侯德榜的生平和成就，培养学生的自主学习能力和研究能力。比如：布置学生阅读《侯德榜传》，并要求他们撰写读后感；或者让学生以"侯德榜与我国民族工业的发展"为主题进行研究性学习，提交研究报告。

4. 主题活动

举办以侯德榜为主题的讲座、演讲比赛、展览等活动，营造浓厚的学习氛围，激发学生的学习兴趣。通过这些活动让学生更加深入地了解侯德榜的精神品质。例如，邀请专家举办侯德榜事迹讲座，组织学生进行"我心中的侯德榜"演讲比赛，或者举办侯德榜成就展览。

三、教育教学效果评估

1. 学生反馈

通过问卷调查、座谈会等方式了解学生对侯德榜课程思政内容的理解和感受，并收集学生的意见和建议，以便改进教学方法和内容。例如：在课程结束后发放问卷，调查学生对侯德榜精神的认识和体会；或者组织学生座谈会，让学生分享学习收获和感悟。

2. 学习表现

观察学生在课堂学习、实践活动、课外阅读等方面的表现，评估学生的学习态度、创新能力、团队合作精神等方面的变化。比如，看学生在课堂上是否积极参与讨论、提出有价值的问题，在实践活动中是否认真投入、勇于创新，在课外阅读中是否主动学习、深入思考。

3. 考试成绩

在考试中设置与侯德榜相关的题目，考查学生对知识的掌握程度和对思政要素的理解。通过考试成绩评估学生的学习效果。例如，在化学考试中设置关于侯氏制碱法的简答题或论述题，在历史考试中设置关于侯德榜对我国民族工业的贡献的分析题。

4. 实践成果

评估学生在实践活动中的成果，例如实验报告、科技创新作品、研究性学习报告等，看学生是否能够将侯德榜的精神品质应用到实践中，取得实际成果。比如，评价学生的实验报告是否规范、准确，科技创新作品是否具有创新性和实用性，研究性学习报告是否深入、有价值。

📁 参考文献 ●···

［1］林承志. 化学之路——新编化学发展简史［M］. 北京：科学出版社，2011.

［2］方正军，易兵. 化学化工类课程思政精选案例［M］. 北京：化学工业出版社，2021.

［3］姜涛，葛春华. 化学课程思政元素［M］. 北京：高等教育出版社，2021.

案例6

中国有机化学家黄鸣龙

　　黄鸣龙（1898 年 7 月 3 日—1979 年 7 月 1 日），江苏扬州人，有机化学家，1924 年毕业于德国柏林大学，获哲学博士学位，1955 年被选聘为中国科学院学部委员（后改称院士），曾任中国科学院上海有机化学研究所研究员。他毕生致力于有机化学的研究，特别是甾体化合物的合成研究，为我国有机化学的发展和甾体药物工业的建立以及科技人才的培养做出了突出贡献，是我国甾体化学和甾体药物工业的奠基人，曾获国家自然科学奖二等奖。

一、科研突破：首个以中国人名命名的有机化学反应

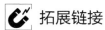 拓展链接 ● ···

　　德国化学家维勒于 1824 年用无机物人工合成了尿素，打破了有机物是由生命体产生的这一传统认识。从此，有机化学逐步发展成为以有机合成为核心的化学主要分支学科。

　　近 200 年来，成千上万的各类有机化学反应陆续被发现，其中有上千种重要的有机反应被冠以人名，以纪念首次发现或是对该反应进行了深入研究、取得突出成就的科学家，这类反应俗称"人名反应"。为人们所熟知和经常使用的有 300 个左右，例如化学教材中经常出现的 Diels-Alder（第尔斯、阿尔德，德国化学家，诺贝尔奖获得者）反应、Wittig（维蒂希，德国化学家，诺贝尔奖获得者）反应、Claisen（克莱森，德国有机化学家）缩合反应、Michael（迈克尔，英国化学家）加成反应、Mannich（曼尼希，德国化学家）反应、Beckmann（贝克曼，德国化学家）重排、Friedel-Crafts（弗里德、克拉夫茨，法国、美国化学家）反应等。这是给予世界化学家们最崇高的嘉奖。

　　在这些人名反应中，以中国人名命名的反应十分少见。Wolff-Kishner（沃尔夫、基希纳，德国、俄国化学家）-黄鸣龙还原反应是第一个以中国人名命名的有机化学反应。羰基化合物的还原在有机合成上十分重要，对酸不稳定的羰基化合物可以在

碱性条件下用肼还原。原来的方法要用金属钠或金属钾在 200℃左右进行高压或封管反应，操作很不方便且不安全。对 Wolff-Kishner 反应的改进是黄鸣龙在美国访学期间完成的。黄鸣龙将反应改进为在高沸点的一缩二乙二醇中进行，同时用氢氧化钾代替金属钾（金属钾性质活泼，难以控制）。该研究成果发表在化学领域的权威杂志 Journal of the American Chemical Society（《美国化学会志》）上 [1946，68（12）：2487-2488]。改进后的方法操作简单，便于大规模生产，具有很高的实用价值。

1945 年，黄鸣龙应美国著名的甾体化学家 L.F. Fieser（费瑟）教授的邀请去哈佛大学化学系做研究工作。一次在做 Wolff-Kishner 还原反应时出现了意外情况，但黄鸣龙并未弃之不顾，而是继续做下去，结果得到出乎意料的高产率。于是他仔细分析原因，又通过一系列反应条件的实验，终于对羰基还原为亚甲基的方法进行了创造性的改进。现此法简称"黄鸣龙还原法"，在国际上已被广泛采用，是首例以中国科学家命名的重要有机化学反应，已写入多国有机化学教科书中，并于 2002 年入选《美国化学会志》创刊 125 周年被引用最多的 125 篇论文之一。此方法的发现虽有其偶然性，但与黄鸣龙一贯严格的科学态度和严谨的治学精神是分不开的。

二、甾体化学的奠基：从实验室到工业化

黄鸣龙不但在学术上取得了突出的成就，而且具有浓烈的爱国情怀。1949 年新中国成立时，他通过各种渠道了解祖国情况，为祖国的新变化而欢欣鼓舞。1950 年抗美援朝战争爆发，一向埋头科研的黄鸣龙格外牵挂祖国，他在家中墙上贴起大幅地图，时时了解战局发展情况。1952 年 10 月，54 岁的黄鸣龙冲破美国政府的重重阻挠，趁着应邀去德国讲学和做研究工作之机摆脱跟踪，绕道欧洲辗转回国。回国后，黄鸣龙全身心地投入有机化学的教学和科研工作，其工作目标主要是开发有疗效甾体化合药物的工业生产。当时，甾体激素药物工业已在世界上兴起，而我国还是一项空白。为了创立我国甾体激素药物工业，他带领一部分青年科技人员开展了甾体植物的资源调查和甾体激素的合成研究。

1958 年，中国药学史翻开了新的一页。在黄鸣龙领导下，以国产薯蓣皂素为原料成功合成了可的松。这一成果翻开了中国药学史的新篇章，不但填补了我国甾体制药工业的空白，而且使我国合成可的松的方法跨进了世界先进行列。当可的松投产成功，人们向黄鸣龙祝贺时，他满怀欢欣而又异常谦虚地说："我看到我们国家做出了可的松，非常地高兴，我这颗螺丝钉终于发挥作用了。"在合成可的松基础上，许多重要的甾体激素如黄体酮、睾酮、地塞米松等都在 20 世纪 60 年代初期先后投入生产。不久我国又合成了数种甾体激素药物。为此，当时作为资本主义国家王牌产品的可的松价格不得不大幅下降，而我国的甾体激素药物也从进口变成了出口。

从此，我国的甾体激素药物接连问世，药厂也接连投产。不管是原料资源还是合成路线，在这个过程中黄鸣龙总是竭尽全力、精益求精。他还不辞辛劳地经常奔波于实验室和工厂之间。在克服了种种困难后，一系列相关药物相继投产，并得到广泛使用。黄鸣龙还在开展科研的同时亲自开课，系统讲授甾体化学，为祖国培养出一批有机化学专业人才。我国第一次甾体激素会议也是在他的主持下召开的。因此，大家称黄鸣龙是我国甾体激素药物工业的奠基人，是我国甾体化学领域的开拓者。

1964 年，黄鸣龙领导研制的口服避孕药甲地孕酮获得成功，受到全世界关注。不到一年时间，几种主要的甾体避孕药物很快投入生产，接着在全国推广使用。1978年全国科学大会上，由于为祖国甾体药物发展做出的突出贡献，黄鸣龙被选为中国科学院先进代表。1982 年黄鸣龙等人的"甾体激素的合成与甾体反应的研究"荣获国家自然科学奖二等奖。

三、科学报国：拳拳赤子心

科学无国界，但科学家有祖国。爱国是科技工作者的力量之源。黄鸣龙的前半生可谓几度波折，一心报国。他三次出国、三次归国，终于在新中国找到了报国的舞台。黄鸣龙曾对家人说："一个人不能为科学而科学，应该为人民、为祖国做出贡献。"他对祖国的感情时时刻刻体现在科研与教学的具体行动中。黄鸣龙回国后，他的儿子、女儿也学成归国。他在一封给海外友人的信中写道："我庆幸这次回到祖国获得了新生，我觉得自己年轻多了。我以一个儿子对母亲那样的忠诚、热情，竭尽我的努力。"

黄鸣龙为了中国的科学事业，将自己的科研工作与祖国实际需要相结合，把毕生精力献给中国甾体药物的研发和生产。他说："科学院应该做基础性的科研工作，我们不应目光短浅，忽视暂时应用价值尚不显著的学术性研究。但对于国家亟须的建设项目，我们应根据自己所长协助有关部门共同解决，这是我们应尽的责任。"他所从事或领导的科研工作大都居于当时国际研究的前列，受到国内外同行的重视，但他心态平和，专心如一。

 教学分析 •┈┈┈┈┈┈┈┈┈┈┈┈┈┈┈┈┈┈┈┈┈┈┈┈┈┈┈┈┈┈┈┈┈┈┈┈

一、课程思政要素挖掘

1. 爱国主义精神

黄鸣龙在国外科研条件优越的情况下毅然放弃优厚待遇，回国投身祖国化学事业的建设。他的事迹体现了强烈的爱国主义情怀，这种精神能激发学生的民族自豪感和爱国热情，引导学生将个人发展与国家命运紧密相连，树立为国家科技发展奉献力量的理想信念。

2. 科学精神与创新意识

黄鸣龙在有机化学领域不断探索，改进了沃尔夫-基希纳还原反应，被国际化学界称为"黄鸣龙还原法"。这一成就展现了他勇于质疑、大胆创新、精益求精的科学精神。通过讲述他的科研历程可培养学生严谨的科学态度、勇于探索未知的创新精神，鼓励学生在专业学习中敢于突破传统思维，追求科学真理。

3. 艰苦奋斗与奉献精神

回国后，黄鸣龙面临科研设备简陋、资料匮乏等诸多困难，但他凭借顽强的毅力，带领团队开展科研工作，为我国有机化学事业发展奠定了坚实基础。他的奋斗历程能让学生深刻理解艰苦奋斗的意义，培养学生在面对困难时不屈不挠的意志品质和无私奉献精神，激励学生在学习和未来工作中脚踏实地、不畏艰辛。

4. 团队协作与育人精神

黄鸣龙注重培养科研人才，关心青年学者成长，组建了优秀的科研团队。他通过言传身教将自己的知识和经验毫无保留地传授给后辈，促进了我国有机化学人才梯队的建设。这体现了良好的团队协作意识和高尚的育人精神，有助于学生认识到团队合作的重要性，培养学生的集体主义观念和乐于分享、帮助他人的品格。

二、融入教育教学的方法

1. 课堂讲授融合

在有机化学专业课程讲授中适时引入黄鸣龙的生平事迹和科研成就。例如，在讲解有机合成反应章节时详细介绍"黄鸣龙还原法"的发现背景、研究过程和重要意义，同时讲述他在研究过程中所面临的困难和挑战，以及他如何克服这些困难实现创新突破，将科学精神、创新意识和艰苦奋斗精神的教育自然融入专业知识教学中。在介绍有机化学学科发展历史时强调黄鸣龙等老一辈科学家为我国有机化学事业发展做出的巨大贡献，激发学生的爱国情怀和学科使命感。

2. 实践教学法

选取黄鸣龙在不同研究阶段的典型案例，组织学生进行分析讨论。例如，以"黄鸣龙还原法"的研究过程为案例，引导学生思考在科研过程中如何发现问题、提出假设、设计实验方案以及如何面对实验失败等问题，培养学生的科研思维和解决实际问题的能力。同时，让学生在案例分析中体会黄鸣龙的科研精神和高尚品格，引导学生反思自己在学习和科研中的态度和行为，促进学生价值观的塑造。

3. 小组合作学习

布置与黄鸣龙相关的主题研究任务，让学生以小组为单位进行资料收集、整理和分析，然后在课堂上进行汇报展示。例如，让学生研究黄鸣龙的科研成果对我国有机化学产业发展的影响，或探讨黄鸣龙的育人理念对现代化学教育的启示等。通过小组合作学习培养学生的团队协作能力和沟通交流能力，同时加深学生对黄鸣龙事迹和精神内涵的理解，使学生在合作过程中相互学习、共同成长，增强集体荣誉感和责任感。

4. 实践教学结合

在有机化学实验教学中以黄鸣龙严谨的科研态度和精益求精的实验精神为榜样，要求学生严格遵守实验操作规程，认真观察实验现象，记录实验数据。鼓励学生在实验过程中积极思考、勇于尝试新的实验方法和技术，培养学生的创新实践能力。同时，通过组织学生参观与黄鸣龙相关的科研成果展览、实验室旧址等，让学生更直观地感受他的科研氛围和精神传承，增强学生的学习体验和情感共鸣。

5. 多媒体教学资源利用

制作关于黄鸣龙的专题课件、短视频等多媒体教学资源，通过图片、文字、音频、视频等多种形式生动展现他的生平事迹、科研成果和精神品质。在课堂教学中适时播放相关视频资料，比如黄鸣龙的访谈录、纪录片片段等，让学生更直观地了解他的人格魅力和科研贡献。此外，还可以利用网络平台，例如在线课程、学习论坛等，发布与黄鸣龙相关的拓展学习资料，引导学生课后自主学习和讨论，延伸课程思政教育的时间和空间。

三、教育教学效果评估

1. 学生反馈调查

通过问卷调查、课堂讨论、课后访谈等方式了解学生对课程思政融入教学的看法和感受。问卷内容可包括学生对黄鸣龙事迹和精神的认知程度、课程思政元素融入教学的方式是否受欢迎、对自身价值观和学习态度的影响等方面。根据学生反馈及时调整和改进教学方法和内容，提高课程思政教育的针对性和实效性。

2. 学业成绩分析

分析学生在有机化学专业课程学习中的成绩变化，不仅关注学生对专业知识的掌握程度，还考查学生在科研思维、创新能力等方面的发展情况。通过对比融入课程思政教育前后学生的实验报告质量、科研项目参与度、创新作业完成情况等，评估课程思政教育对学生专业学习的促进作用，判断学生是否将从黄鸣龙事迹中汲取的精神力量转化为学习动力和实践能力。

3. 行为表现观察

在日常学习和生活中观察学生的行为表现，比如学生在团队合作学习中的参与度、面对学习困难时的态度和解决问题的能力、对科研活动的积极性和主动性等。同时，关注学生的社会责任感和集体荣誉感的培养情况，例如学生参与志愿服务、社会实践活动的表现等。通过对学生行为表现的长期观察，综合评估课程思政教育在学生价值观塑造和综合素质提升方面的效果。

4. 思政素养评价

设计专门的思政素养评价指标体系，从爱国情怀、科学精神、道德品质、团队协作等多个维度对学生进行评价。可以采用学生自评、互评和教师评价相结合的方式全面了解学生在进行课程思政教育后的思想变化和素养提升情况。例如：学生自评主要围绕自己在学习过程中对黄鸣龙精神的感悟和自身行为的改变；互评则侧重于学生之间对彼此在团队合作、科研态度等方面表现的评价；教师评价则基于课堂表现、作业完成情况以及与学生的日常交流等方面进行综合评定。

📁 参考文献

［1］方正军，易兵. 化学化工类课程思政精选案例［M］. 北京：化学工业出版社，2021.

［2］姜涛，葛春华. 化学课程思政元素［M］. 北京：高等教育出版社，2021.

［3］叶俊伟. 化学化工课程思政素材选编［M］. 北京：化学工业出版社，2025.

中国"稀土之父"徐光宪

徐光宪（1920年11月7日—2015年4月28日），浙江绍兴上虞人，北京大学化学与分子工程学院教授、博士生导师，化学家、教育家，中国科学院院士（1980年当选），中国稀土化学的奠基人之一，2008年度国家最高科学技术奖获得者，被誉为中国"稀土之父""稀土界的袁隆平"。徐光宪结合国家建设需要，坚持理论与实践相结合的研究方向，长期从事物理化学和无机化学的教学和研究，涉及量子化学、化学键理论、配位化学、萃取化学、核燃料化学和稀土科学等领域，在20世纪70年代建立了具有普适性的"串级萃取理论"，并与严纯华等合作在全国推广应用，将中国稀土萃取分离技术提升至国际先进水平。

一、稀土困局与科学突围

 拓展链接 •···

稀土其实并不是土，而是指钪、钇和镧系共17种彼此相似、很难分离的金属元素。稀土的17种元素包括元素周期表第三副族中原子序数57~71的15个镧系元素，即镧（La）、铈（Ce）、镨（Pr）、钕（Nd）、钷（Pm）、钐（Sm）、铕（Eu）、钆（Gd）、铽（Tb）、镝（Dy）、钬（Ho）、铒（Er）、铥（Tm）、镱（Yb）、镥（Lu），以及化学性质上与它们相近的钪（Sc）和钇（Y）。资料显示，地壳中已探明稀土元素的总量比常见的铅、锡、锌等金属还多。由于稀土有着非常奇特的光、电磁特性和催化作用，只要使用一点点就可以化腐朽为神奇。稀土是发展电子、航天等高新科技不可或缺的原材料，被人们称为"工业维生素"。稀土元素在农业、医学、国防、通信等众多领域都有广泛的应用，当代信息、生物、新材料、新能源、空间和海洋科学等六大新科技都离不开稀土元素的参与。小到手机、照相机，大到精确制导导弹、火箭、卫星，都离不开稀土！

稀土元素的化学性质活泼，且极为相似，要想提纯任何一种，在以前都是极大的挑战。1972年之前，国际上分离稀土的主要方法是离子交换法和分级结晶法，这两种方法在过程上不连续、生产成本高，分离的稀土元素纯度也比较低，不能达到规模生产的要求。北京大学化学系在20世纪50年代采用离子交换法分离稀土元素，因其费时费力、效率低下，被大家形象地称为"滴眼泪"。当时西方国家把稀土生产技术作为高度机密对中国实施技术封锁，国内的稀土生产工艺和技术比较落后。因此长期以来，中国拥有丰富的稀土资源却不能有效利用，只能出口低级的稀土矿，再高价进口稀土制品。

中国是世界上稀土资源最丰富的国家，不仅储量居世界之首，而且产量也位居世界第一。稀土是中国可以媲美中东石油的特色资源。邓小平说："中东有石油，中国有稀土，中国的稀土资源占世界已知储量的 80%，其地位可与中东的石油相比，具有极其重要的战略意义，一定要把稀土的事情办好，把我国的稀土优势发挥出来。"

现在我国稀土出口占美国稀土进口的78%，但在半个世纪之前，稀土生产技术却掌握在外国人手里，中国只能向国外廉价出口原料，然后再高价进口深加工的稀土产品。终于，在 20 世纪 70 年代，这样的格局被中国"稀土之父"徐光宪院士打破了！然而，我国发挥稀土优势之路并不平坦，这一跨越得益于徐光宪院士创造的串级萃取理论及其工业实践。

徐光宪早年在美国留学，待遇优厚，是新中国成立初期学成归国的博士之一。1951 年他完成了题为《旋光的量子化学理论》的博士论文，获得美国哥伦比亚大学物理化学博士学位，并可能得到一份芝加哥大学博士后的工作。然而徐光宪夫妇放弃了国外优越的条件，毅然冲破各种阻挡回到祖国，参加新中国建设，全心全意投入科学研究。

1972 年，北京大学化学系的徐光宪和同事们接受了一项十分紧急的军工任务——分离镨和钕。这项任务几乎改变了徐光宪的后半生，使他与"稀土"结下了不解之缘。镨元素和钕元素是镧系元素中性质最为相近的"孪生兄弟"；在拉丁文中，镨的意思是"绿色的孪生物"，钕的意思是"新的孪生物"；所以它们的分离是难中之难。徐光宪喜欢迎接挑战，通过查阅大量科研资料，顶着各界的质疑，决定放弃国际通用的离子交换法而采用萃取法分离，但当时萃取技术虽有人研究，但始终没有突破。所谓萃取法，是利用物质在不同溶剂中具有不同溶解度的特点进行分离的一种方法。在徐光宪之前，世界上无人将萃取法运用到分离稀土元素的生产过程之中。当时美国曾有一个报道：Bauer（鲍尔）用胺类萃取剂在有机相中优先萃取镨，用氨羧配位剂在水相中优先与钕配位，形成所谓推拉体系。国际上流行的串级萃取理论是 Alders（阿尔德斯）提出来的，徐光宪仔细分析了在串级萃取过程中配位平衡移动的情况，发现阿尔德斯串级萃取理论在稀土推拉体系串级萃取过程中是不成立的。

这是一项"前无古人"的尝试。徐光宪怀揣着信心，付出了百倍的辛劳，经受了千般的磨砺：住实验室、啃干面包，在北京和出产稀土的包头矿山之间来回奔波。

功夫不负有心人，整整三年之后，徐光宪和他的团队终于取得突破！1975 年 8 月，第一次全国稀土会议在京召开。徐光宪在会上提出了自己的"串级萃取理论"，这一理论引起了轰动，也受到很多质疑。

徐光宪从改进稀土萃取分离工艺入手，通过选择萃取剂和配位剂配成季铵盐（DTPA）推拉体系。这种试验短则一两个月，长则半年甚至一年，任何一个小环节出了问题都会前功尽弃。徐光宪一直在坚持，他最终成功了。徐光宪不仅出色地完成了镨元素和钕元素这对"孪生兄弟"的分离，而且使镨、钕分离系数打破了当时的世界纪录，达到了 4，而当时国际上的镨、钕分离系数普遍是 1.4～1.5。1974 年 9 至 10 月，徐光宪到包钢有色三厂进行工业试验。这次试验最后得到了 99.4%～99.6% 的钕、99.0%～99.5% 的镨、99.4%～99.8% 的镧和含钐 50% 以上的富集物，共四种产品达到了预期效果，分离镨、钕的任务顺利完成了。

徐光宪建立了稀土分离的串级萃取理论，提出了萃取过程的极值公式、级数公式、最优萃取比方程等一系列稀土分离工艺设计中基本工艺参数的计算公式，并设计出了一种全新的回流串级萃取工艺。该工艺只需要在流水线的初始端投入原料，在流水线另一端的众多出口就会输出各种高纯度的稀土元素。在实验室研究中，通常采用稀土工业通用的"分液漏斗法"拟分馏萃取。例如，通过串级萃取计算得出 HAB（CA12-Cyanex 272）萃取分离钇是由 15 级萃取、10 级洗涤组成的工艺。第 1 级进有机相，第 15 级进料液，第 25 级进洗酸。操作时，分液漏斗中的有机相和水相在奇数排和偶数排之间分别向后和向前流动。振荡 8 分钟，静置 10 分钟。采用分液漏斗法串级模拟最终可确定从离子吸附型稀土矿浸出液中分离钇的工艺流程。

二、从理论到产业：稀土强国之路

1978 年，徐光宪开办了"全国串级萃取讲习班"，将这一技术免费向全国推广。发达国家在国际稀土市场的垄断地位很快被打破，由于我国高纯度稀土大量出口，国际稀土价格下降了 30%～40%，一些长期霸占世界市场的稀土"垄断国"不得不减产、转产甚至停产，世界稀土市场上刮起了一股强劲的中国风。立足基础研究，着眼国家目标，不跟着外国人跑，走自己的创新之路！徐光宪没有满足，经过艰苦探索，他带领团队又有了新的突破，传统试验被计算机模拟代替，使稀土生产实现自动化。

徐光宪认识到生产工艺中关于萃取液的配制和各种参数的确定对生产厂家来说是一件烦琐的事情，于是他决定把复杂的稀土萃取生产工艺简单化，设计出稀土萃取分离工艺的一步放大技术。传统的串级萃取小型试验被计算机模拟代替，如今的稀土生产已经实现自动化。为此，他奉献了整整三十年光阴，成就了中国的稀土传奇。

科学技术部对徐光宪的贡献给予了高度评价："徐光宪院士基于对稀土化学键、配位化学和物质结构等基本规律的深刻认识，发现了稀土溶剂萃取体系具有'恒定混合萃取比'基本规律，在 20 世纪 70 年代建立了具有普适性的串级萃取理论。该理论已广泛应用于我国稀土分离工业，彻底改变了稀土分离工艺从研制到应用的试验放大模式，实现了从设计参数到工业生产的'一步放大'，引导了中国稀土分离科技和产业的全面革新，使我国实现了从稀土资源大国到生产和应用大国的飞跃，为稀土功能材料和器件的发展提供了物质保证，大大地提高了我国稀土产业的国际竞争力。"因在稀土理论研究和工业实践方面取得的卓越成果，徐光宪被誉为中国"稀土之父"。2008 年徐光宪被授予"国家最高科学技术奖"。

中国科学院院士严纯华说："科学家中有两种人，一种是'工匠'，还有一种是'大师'。前者的目光局限在具体的研究中，而后者则研究科学的哲学层面。徐先生则已经达到了后者的境界。"徐光宪曾寄语年轻人："人是社会的动物，一个人不可能离开他人而生存。年轻人要有时代幸福感、社会责任感和时代使命感。现在是中国历史上最好的时期，但也还有很多问题没有解决，未来需要年轻人负担起来。""我们不跟外国人跑，就是我们自己走自己创新的路！"几十年前，徐光宪顶住质疑、顶住压力，坚定决心走科技创新之路，他的话至今仍掷地有声、振聋发聩！

三、院士伉俪：科学与爱情的传奇

我国化学界有这样一对伉俪，他们有着共同的人生经历：同在一所大学读书，同在一个学生社团，同在美国留学，同在一所学校做科研，同为我国稀土事业奋斗，同时当选第三届全国人大代表，同时当选第五届全国政协委员（并连任第六、第七届全国政协委员），同时当选中国科学院化学学部委员（后改称院士），同时被批准为全国首批博士生导师，同时受聘为第一、第二届国务院学位评定委员会理科评议组成员。他们相濡以沫 52 年，把自己的一生都献给了我国科学事业和教育事业。他们就是被称为"十同夫妻"的中国科学院院士伉俪——徐光宪和高小霞。

高小霞（1919 年 7 月 10 日—1998 年 9 月 9 日），浙江萧山人，分析化学家，北京大学教授、博士生导师。1944 年毕业于上海交通大学（以下简称交大）化学系，1951 年获得美国纽约大学硕士学位，1980 年当选为中国科学院院士。高小霞长期致力于分析化学的教学和科研工作，对极谱催化波的研究有较深造诣，开创了几十种微量元素的高灵敏分析方法，特别是微量稀土元素和铂族元素的极谱分析法及其机理的研究，为祖国的科技事业做出了重要的贡献。她对化学事业的选择既来自女性追求知识和事业独立的理想信念，也来自科学报国的民族身份认同。

1940 年 8 月，徐光宪和高小霞考入了上海交通大学化学系，两人成为同班同学，这里成为他们此后相伴半个世纪的起点。当时交大的学生都是走读生，平时同学之间没有社交活动。徐光宪的一个同班同学与高一个年级的女同学为男女同学创造了一个社交场所，建议成立一个"南洋化工社"，租用了一间空置的厂房，运用所学化学知识试制酱油、墨水、雪花膏等销售给同学们作为活动经费的来源。"南洋化工社"

成立后，有二三十位同学参加，徐光宪和高小霞也在其中，于是同为社员的徐光宪和高小霞逐渐熟悉起来，建立了初步的友谊。

"南洋化工社"出刊手抄本《社刊》，高小霞有文学才华、英文水平高，曾为《社刊》写过一篇《在大学中》的文章，给徐光宪留下了深刻的印象。徐光宪数理成绩优异，他的物理试卷曾经被理学院院长裘维裕作为标准答案，也引起了高小霞的注意和羡慕。徐光宪十分喜欢听高小霞讲莎士比亚剧本和狄更斯的故事，因为她能熟练地用英语背出其中的大段对白名句。徐光宪回忆："高小霞因为看莎士比亚的悲剧故事多，说我们将来也许会是一个故事。我说，我们如果结婚，将永远相伴终身，不会成为故事。"

那个时候徐光宪和高小霞经济都不宽裕。徐光宪省吃俭用，曾经靠做家庭教师度日。高小霞则是半工半读求学，在上海，她常年穿着一件阴丹士林蓝布衣服。在饮食上，高小霞中午常常买块白薯充饥，只有晚上给富裕人家子女补习功课时才能在学生家里好好吃上一顿晚餐。

1944年，徐光宪和高小霞从交大毕业。徐光宪先进入制药化工厂做工程师，1946年被交大聘为助教。高小霞先到安徽屯溪，在安徽农业高中教了半年书；1946年回到上海，在中央研究院化学研究所担任研究助理员。同年4月18日，这两个志同道合的年轻人在上海国际饭店举行婚礼，时任交大理学院院长的裘维裕为这两个得意门生证婚。

1946年7月，国民政府教育部面向全国公开招考出国留学生，徐光宪和高小霞都参加了考试，并双双取得了自费公派留学生的资格。自费公派生要自己出1/10的费用，即用市场价格180美元购买1800美元的公费外汇。可180美元对他们来说是一笔不小的费用。徐光宪向他的三姐借了10两黄金，价值350美元。180美元买外汇，剩下170美元买了一张从上海到美国的三等船票，大约要140美元，也是很贵的。经济拮据的小夫妻根本拿不出两个人的留学费用。为了支持丈夫的事业，高小霞选择放弃机会，全力帮助丈夫赴美留学，这让徐光宪一生都感动不已。直到两年后，徐光宪获得了哥伦比亚大学校聘助教的资格，一年奖助金1800美元，这才有能力让高小霞到美国留学。1949年1月，高小霞到纽约大学研究生院学习分析化学。她白天到康奈尔大学医学院做分析技术员，月薪200美元，晚上再到纽约大学读书，延续着她的半工半读生活。每天徐光宪等着高小霞回到住处，总在半夜12点左右。

1949年9月，徐光宪获得了哥伦比亚大学理学硕士学位，又用不到三年的时间攻读完了正常需要五年的时间才能完成的博士学业。1951年3月，徐光宪的博士论文《旋光理论中的邻近作用》通过答辩，取得了哥伦比亚大学物理化学博士学位。这一年，半工半读的高小霞也在自己的学业上得到了导师的高度评价，获得了硕士学位。此时，朝鲜战争正处于激战时期，中美两国处于敌对状态，美国国会即将通过法案阻止中国留学生回国。高小霞面临抉择，是陪同丈夫返回祖国，还是留在美国继续完成博士学业？她决定放弃（博士）学位，他们决心放弃一切，不能再待在与祖国作战的国度里。1951年4月15日，徐光宪和高小霞夫妻离开旧金山，登上了回国的轮船。

回国后，他们共同在北京大学化学系任教。生活和科研条件自然无法与美国相比，但夫妻二人却丝毫不悔，身边是爱人，身后是国家，其他的又何足挂齿。徐光宪曾在科研上三次转向，在四个方向上开展研究：从量子化学到配位化学，再到核燃料化学，20 世纪 70 年代选择了稀土化学。高小霞一直从事分析化学的教学、科研工作，70 年代后期也选择了稀土极谱分析作为研究方向。徐光宪将稀土包含的镧系元素——镧（La）、铈（Ce）、镨（Pr）、钕（Nd）、钷（Pm）、钐（Sm）、铕（Eu）、钆（Gd）、铽（Tb）、镝（Dy）、钬（Ho）、铒（Er）、铥（Tm）、镱（Yb）、镥（Lu）及与镧系元素密切相关的元素钇（Y）和钪（Sc）共 17 种元素分离出来，高小霞则开展对"稀土微肥"机能和生理功能的研究，她开创的稀土元素极谱分析法的灵敏度比国外同类工作提高了三四个数量级。夫妻两人共同攻关，在稀土化学研究与应用上一次次地获得突破。学术界尊称徐光宪为中国"稀土之父"，然而徐光宪却说，"我老伴儿，她才是稀土研究真正的大家"，"记得刘若庄教授（中国科学院院士）曾说佩服我能快速转变研究方向，但他不知道我得益于高小霞的启发和帮助"。高小霞说："我们俩是同行，在家里也经常探讨学术问题。他的基础好，我有些问题还要向他请教。我让他帮我查找资料，他总是很高兴地答应；他说我的字写得好，让我帮他抄写点什么，我也很乐意。"

　　徐光宪和高小霞不仅是生活上的亲密伴侣，更是事业上的战友。高小霞曾说："我这辈子最幸福的事情，就是跟徐光宪成为夫妻，并且一起生活这么多年。"这样的幸福跨越了金婚，直至 1998 年 7 月高小霞院士因癌症去世。在高小霞的追悼会上，78 岁的徐光宪院士坐在妻子的遗像前悲痛不已："我一生中最满意的是和高小霞相濡以沫度过的 52 年；我最遗憾的是没有照顾好她，使她先我而去。"2005 年徐光宪院士获得"何梁何利基金科学与技术成就奖"，他捐出全部奖金设立"霞光奖学金"。很显然，"霞光"取自夫妻二人的名字。十年后，徐光宪院士追随他的爱妻而去。虽然这对伉俪已逝，但他们所取得的成就将永久载入中国科学发展的史册。

　　徐光宪和高小霞伉俪携手走过了 52 年的漫漫人生，学术上相互支持，生活中相互关照，风雨同舟几十载。徐光宪院士说他们夫妻二人经常晚上还一起在实验室做实验，到半夜才双双骑着自行车穿过宁静而美丽的校园回到宿舍。可以说，这是一个持续了半个多世纪的爱情传奇。

 教学分析 ●⋯⋯⋯⋯⋯⋯⋯⋯⋯⋯⋯⋯⋯⋯⋯⋯⋯⋯⋯⋯⋯⋯

一、课程思政要素挖掘

1. 爱国主义精神与家国情怀

徐光宪放弃国外优厚待遇，毅然回国投身稀土科研事业。在 20 世纪 70 年代我国稀土产业落后、被国外技术封锁的背景下，他带领团队突破关键技术，使我国从稀土资源大国转变为稀土技术强国，将"稀"土变"希"土。这一事迹生动诠释了科学家以国家需求为己任、将个人理想融入民族复兴的崇高爱国情怀。

2. 科学精神与创新意识

徐光宪创造性提出"串级萃取理论"，通过建立数学模型和物理化学理论解决了稀土分离纯度和效率难题，使我国稀土分离技术达到国际领先水平。其科研过程中体现出严谨的治学态度、勇于突破常规的创新思维、持续探索未知的执着精神，为学生树立了科研典范。

3. 团队协作与奉献精神

徐光宪与高小霞伉俪携手，在各自专业领域为稀土研究提供理论与技术支撑。同时，徐光宪带领科研团队攻坚克难，培养出大批稀土领域优秀人才，展现了团队协作在重大科研攻关中的重要性，以及科学家甘为人梯、无私奉献的精神。

4. 社会责任与可持续发展理念

徐光宪晚年时多次呼吁合理开发稀土资源，强调资源保护与可持续利用，体现了科学家对社会发展的责任担当。其理念可引导学生树立正确的资源观、生态观，增强社会责任感。

二、融入教育教学的方法

1. 课堂教学融入

（1）案例导入：在化学工程、材料科学等课程中以"稀土产业技术突破"为案例引入教学内容，结合徐光宪的科研故事，激发学生学习兴趣，同时揭示科学研究对国家发展的战略意义。

（2）理论结合实践：讲解"串级萃取理论"时剖析徐光宪如何通过数学建模与化学实验结合实现技术创新，引导学生理解科学研究的跨学科思维与实践应用价值。

（3）情感共鸣：通过播放纪录片片段、展示徐光宪手稿等方式重现科研历程中的困难与坚持，引发学生对科学家精神的情感认同。

2. 实践教学渗透

（1）科研项目模拟：在实验课或课程设计中设置"稀土分离技术优化"等实践任务，让学生以团队形式模拟科研攻关，体会团队协作与创新的重要性。

（2）企业/科研院所参观：组织学生前往稀土企业或相关实验室，了解我国稀土产业现状，直观感受徐光宪科研成果对行业发展的推动作用，强化专业使命感。

3. 第二课堂拓展

（1）主题讲座与研讨：邀请稀土领域专家或徐光宪团队成员开展讲座，分享科研故事；组织学生围绕"科学家精神与青年责任"展开研讨，深化价值认知。

（2）红色研学活动：结合徐光宪的爱国事迹开展"追寻科学家足迹"主题研学，参观其工作过的实验室、纪念馆等，增强沉浸式教育体验。

三、教育教学效果评估

1. 过程性评价

（1）课堂表现：观察学生在案例讨论、小组汇报中的参与度，评估其对科学家精神、家国情怀的理解深度。

（2）实践任务：通过实验报告、项目成果展示分析学生在团队协作、创新实践中体现的价值观与责任感。

2. 终结性评价

（1）课程考核：在考试中设置开放性题目，例如"结合徐光宪事迹，谈科技创新与国家发展的关系"，考查学生的知识迁移与价值判断能力。

（2）问卷调查：设计问卷，从"家国情怀认同度""科研精神理解度""社会责任意识"等维度收集学生的反馈意见，量化思政教育效果。

3. 长期跟踪评估

（1）职业规划调研：通过毕业生回访了解学生在职业选择中是否践行科学家精神，是否将个人发展与国家需求相结合。

（2）社会影响力反馈：关注学生在科研、工作中是否展现创新意识与责任担当，形成对课程思政教育的长效评价。

通过多维度、全过程的评估，持续优化课程思政教学模式，确保徐光宪等科学家的精神内核真正融入学生的思想与行动中。

📁 **参考文献** •┈┈

［1］徐光宪，王文清，吴瑾光，等．萃取化学原理［M］．上海：上海科学技术出版社，1984.

［2］方正军，易兵．化学化工类课程思政精选案例［M］．北京：化学工业出版社，2021.

［3］姜涛，葛春华．化学课程思政元素［M］．北京：高等教育出版社，2021.

［4］叶俊伟．化学化工课程思政素材选编［M］．北京：化学工业出版社，2025.

中国理论化学开拓者唐敖庆

唐敖庆（1915 年 11 月 18 日—2008 年 7 月 15 日），江苏宜兴人，物理化学家、教育家，中国现代理论化学的开拓者和奠基人，被誉为"中国量子化学之父"，曾任吉林大学理论化学研究所所长、吉林大学校长、国家自然科学基金委员会首届主任。1940 年毕业于西南联合大学化学系，1949 年获美国哥伦比亚大学博士学位，1955 年被选聘为中国科学院院士，1958 年 6 月加入中国共产党，1981 年当选为国际量子分子科学研究院院士。作为中国现代理论化学研究的奠基人，唐敖庆在量子化学、统计力学在化学中的应用和计算化学等领域取得了开创性的成果，曾先后五次荣获国家自然科学奖。唐敖庆一生心系祖国发展，"科学救国"的信念始终不渝，对科学界、教育界和化学学科的发展都做出了卓越贡献。他伟大的爱国精神和奉献情怀为世人留下了光辉典范。2020 年 11 月 18 日，由何梁何利基金会、国家自然科学基金委员会、中国科学院紫金山天文台和吉林大学联合主办的"唐敖庆星"命名仪式在北京举行，浩瀚星河中再添一颗以中国科学家姓名命名的小行星。

拓展链接

以前的化学专业书籍大多是对事实和实验规则的描述，缺少理性的数学表征。随着物理化学的发展和宏观热力学理论的引入，化学的面貌有所变化，但仍有很大的局限性。20 世纪 30 年代，量子化学的问世开启了人类探索微观化学世界之门。化学家可通过求解相关的波动方程获得某些化学问题的解答，数学与化学的交叉引领化学趋向成熟。对从事理论化学研究的人来说，他们必须具备丰富的化学知识和坚实的数理基础，才能运用数学进行化学的推理求解。

一、空白领域的拓荒者

在新中国成立之前，中国的理论化学研究还是一片空白，研究人员少之又少。当新中国成立的消息传到世界各地时，一些科学家放弃了异国他乡的锦衣玉食，回到魂牵梦绕的祖国，为祖国的科学发展贡献力量，唐敖庆就是其中一位。1949 年 11 月，唐敖庆谢绝了导师的挽留，冲破重重阻力，于 1950 年 2 月在朝鲜战争爆发前回国。回到祖国怀抱后，唐敖庆与众多科学家一起开创了东北人民大学（吉林大学前身）化学系，自此理论化学在中国大地开花结果，他为中国现代理论化学的发展做出了开拓性的贡献。

新中国成立初期，一些综合性大学化学系将物质结构课列为必修课，而这门课此前从未在大学开设过，所以相关人才严重匮乏，熟悉这门学科的人更是屈指可数。要想在中国推动化学的理论化，开创理论化学教研事业，就必须自力更生，培养较全面的数理化基础人才。为了尽快培养国内各大学主讲物质结构课的教师，1953 年和 1954 年，教育部分别举办了两期物质结构讲习班，学员来自全国各高校。这两期物质结构讲习班对在国内高等学校普及物质结构课程和理论化学起到了播撒"火种"的作用。唐敖庆作为主讲教师之一亲自授课。由于青年时代就患有高度近视，唐敖庆在大学期间便练就了惊人的记忆力，所以在备课时他主要靠思维记忆，只写个简单提纲就走上讲坛，讲课深入浅出，富有逻辑性和启发性。他这种独特的讲课风格在课堂上可以使学生的精神高度集中、思维异常活跃，对提高教学效果起到很大作用。唐敖庆的这种讲课艺术影响了当时一代化学家。在此期间，唐敖庆发表了有关分子内旋转势函数的论文，这是我国理论化学家发表的第一篇引起国外学者关注的论文。此后，以讲习班的主讲教师和骨干学员为核心，在我国从北到南逐步形成了以吉林大学、北京大学、山东大学、厦门大学、福州物质结构研究所为基地的五个理论化学研究中心。

二、配位场理论的发展和完善

1963—1965 年，唐敖庆承办了教育部的物质结构学术讨论班，期望立足国内，独立自主地培养更高层次的学术带头人。成员包括有关大学的 8 名正式学员和一批旁听的学员，其中多人后来成为中国科学院院士。唐敖庆曾经对来访的记者说："培养青年人才是关系到我们国家未来的大事。"在唐敖庆的指导下，这些学员紧跟世界科学前沿，在配位场理论方面进行了深入的研究，发展并完善了配位场理论及其研究方法，进一步统一了这一理论中的各种方案并著成了《配位场理论方法》，这一成果于 1982 年荣获了当时我国科学最崇高的奖项"国家自然科学奖一等奖"。如果说1953 年、1954 年举办的两期物质结构讲习班是我国理论化学的启蒙，而 1963—1965年的物质结构学术讨论班则是锤炼我国理论化学骨干力量的熔炉。

他创造性地发展和完善了配位场理论及研究方法，并带领团队在这个领域做了大量的工作，取得了非常多的科研成果。据统计，唐敖庆共发表学术论文 260 多篇，合作出版 8 部学术专著；他提出并发展了分子轨道图形理论等一系列新的数学方法和模型；他还对高分子化学反应统计理论、分子内旋转、分子轨道对称守恒原理等方面进行了深入研究。

1981年初夏，国际量子分子科学院在美国举行例会，参会人员都是世界一流的量子化学专家，包括7位诺贝尔奖得主。诺贝尔奖获得者霍夫曼在大会上向与会者介绍了一位中国的量子化学家30年来取得的杰出成果。许多会员表示十分惊讶："在中国竟有人做出这样漂亮的工作！"于是，这个国际知名的研究院在本人未提出申请的情况下便以投票表决的方式同意中国化学家唐敖庆为该研究院的第29名院士。于是唐敖庆成为这个研究院的第一个中国籍院士。

三、甘为人梯的教育家

唐敖庆的功绩不仅体现在科研领域，作为学识渊博的一代大师，他在教育领域更是做出了杰出的贡献。他淡泊名利，饱含赤子情怀，是一个育人的巨匠。不管职位多高、工作多忙，他始终重视教学和育人工作，长期坚守教学第一线，为祖国建设培养合格人才。他所培养的学生之多在教育界可谓首屈一指。唐敖庆始终坚信："科学的发展有一个积累的过程，我们年纪大一点的科学工作者就要发扬甘为人梯的精神，做铺路石子。"他曾先后办过12次面向全国的理论化学讲习班、讨论班，为我国培养了一大批量子化学教学骨干和科研人才，其中中国科学院院士就有10多位，有的还担任了重点大学的校长。

辽宁大学原校长刘祁涛教授回忆，1973年在国务院科教组的领导下，唐敖庆担纲组织编写一部新的物理化学教材《物理化学基本原理》。唐敖庆邀请了吉林大学、辽宁大学、黑龙江大学、延边大学等东北三省四所综合性大学化学系共13名学者合作编写。该书于1977年由人民教育出版社出版，内容涵盖原物理化学和物质结构两门课程的内容，包含了综合应用化学热力学和化学动力学理论分析、石油化工企业的工艺流程和生产条件选择、综合应用理论知识于工农业生产实践。可以说该书体现了当时我国理论化学的发展水平。刘祁涛教授说："令我最为难忘的还是以唐敖庆教授为代表的老一辈学者的那种对于追求真理、实事求是、不跟风、不浮夸的科学原则的坚守，严谨的治学精神，一丝不苟的工作态度和谦虚厚道、热心扶持后辈的作风。"

唐敖庆是我国化学界的一面旗帜，是共和国科学事业的脊梁，他表现出了我国科学家刻苦钻研、至诚报国的宝贵品格和崇高情怀。为了纪念这位大师级的化学家，吉林大学将该校的一栋主建筑命名为"唐敖庆楼"，在楼前塑有唐敖庆的雕像供后人景仰。

唐敖庆之后，越来越多的科研工作者认识到理论化学在研究中的重要性，并开始将实验和理论模拟结合进行科学研究。20世纪90年代起，越来越多的学者从海外归来，国内的理论化学研究逐渐与国际接轨。近年来，一些课题组的成果更是在国际上产生了很大的影响，不仅在量子化学主流期刊上发表，还不断应邀在重要的国际会议上做学术报告，并获得国际性奖项。2015年第十五届国际量子化学大会在北京召开，这是首次在我国举办的国际理论化学顶级会议。帅志刚、刘文剑、高加力、黎书华四位学者也分别于2008年、2014年、2016年和2017年当选国际量子分子科学院院士。这些成果都标志着理论化学在我国的崛起和发展，同时也激励着越来越多的年轻学者投入理论化学的研究中。现在，理论化学已经在中国大地开花结果，大量的学者投入理论化学的研究中。

 教学分析 •···

一、课程思政要素挖掘

1. 矢志报国的家国情怀

唐敖庆在新中国成立初期毅然放弃美国哥伦比亚大学的优厚待遇和科研条件，冲破重重阻挠归国。面对国内理论化学研究几乎空白的困境，他以"振兴中国化学"为使命，从零起步组建科研团队，将个人理想与国家科技发展紧密相连，展现了知识分子的责任担当与爱国赤诚。

2. 开拓创新的科学精神

唐敖庆创造性地建立了中国特色理论化学体系，在高分子反应统计理论、分子内旋转理论、配位场理论等领域取得重大突破。他提出的"分子内旋转势能函数"等理论成果打破了国外技术的垄断，彰显了科学家敢于挑战权威、勇攀科学高峰的创新精神与严谨的治学态度。

3. 甘为人梯的育人情怀

唐敖庆将毕生精力投入教育事业，培养出以"唐敖庆弟子"为代表的大批化学领域的领军人才（例如孙家钟、江元生、沈家骢、徐如人、黎乐民、颜德岳、陈凯先、方维海、吴通好等院士）。他在教学中注重因材施教，强调团队协作，通过言传身教传递知识与精神，体现了教育家无私奉献、为国家培育栋梁的高尚品格。

4. 求真务实的学术品格

唐敖庆始终秉持"科学来不得半点虚假"的原则，面对科研难题坚持反复验证、精益求精。即使在晚年患病期间，他仍坚守学术一线指导研究，其对真理的执着追求和实事求是的治学态度，为学生树立了学术道德典范。

二、融入教育教学的方法

1. 课堂教学深度融合

（1）故事化导入：在"物理化学""结构化学"等课程中以唐敖庆归国投身科研

的故事作为章节开篇，结合其理论成果讲解，激发学生对学科发展的认同感。

（2）理论溯源教学：剖析唐敖庆提出的配位场理论、高分子统计理论时，展示其研究手稿和推导过程，引导学生体会科学家突破创新的思维方法，强化科学精神教育。

（3）对比分析：对比新中国成立前后理论化学研究的困境与突破，凸显唐敖庆等科学家对学科发展的推动作用，深化学生的家国情怀。

2. 实践教学场景化

（1）科研模拟项目：在实验课中设置"分子结构理论验证""高分子反应模拟"等实践任务，要求学生以团队形式重现唐敖庆的经典研究思路，培养创新与协作能力。

（2）虚拟仿真体验：利用虚拟仿真技术还原唐敖庆科研场景，比如早期实验室艰苦条件、理论推导过程，让学生沉浸式感受科学家的奋斗历程。

3. 第二课堂延伸

（1）主题演讲与辩论：组织"唐敖庆精神与当代科研责任"主题演讲或开展"基础研究与国家需求如何平衡"辩论，引导学生思考科学家精神的时代价值。

（2）学术讲座与访谈：邀请唐敖庆弟子或化学领域专家分享其教育理念与科研故事；开设"走近唐敖庆"专题展览，展示其科研手稿、著作等，增强感染力。

三、教育教学效果评估

1. 过程性评价

（1）课堂互动反馈：通过课堂提问、小组讨论，了解学生对唐敖庆事迹中思政元素的理解深度，评估其价值认同程度。

（2）实践任务表现：分析学生在科研模拟项目中的协作能力、创新思维，以及是否体现出求真务实的学术态度。

2. 终结性评价

（1）课程考核设计：在期末考试中设置论述题，例如"结合唐敖庆的配位场理论，谈基础研究对国家科技发展的战略意义"，考查学生知识迁移与价值判断能力。

（2）思政专题报告：要求学生撰写"唐敖庆精神对我的启发"报告，从家国情怀、科学精神等维度综合评分。

3. 长期跟踪评估

（1）职业发展调研：通过毕业生回访了解其在科研、工作中是否践行唐敖庆倡导的创新精神与学术品格。

（2）社会影响力反馈：关注学生参与科研项目、发表论文时的学术规范意识以及在社会服务中是否展现责任担当，持续优化课程思政效果。

通过多维度、动态化的评估机制，确保唐敖庆的精神内涵有效融入学生的知识体系与价值观念中。

📁 **参考文献** •···

[1] 姜涛，葛春华. 化学课程思政元素 [M]. 北京：高等教育出版社，2021.

[2] 叶俊伟. 化学化工课程思政素材选编 [M]. 北京：化学工业出版社，2025.

中国结构化学奠基人卢嘉锡

卢嘉锡（1915 年 10 月 26 日—2001 年 6 月 4 日），台湾省台南市人，著名结构化学家、教育家，我国结构化学学科的开拓者和奠基人，化学教育家和科技组织领导者，中国农工民主党中央委员会原主席。1934 年毕业于厦门大学化学系，获学士学位。1939 年获英国伦敦大学学院博士学位。1945 年回国，1955 年当选为中国科学院学部委员（即院士，是我国当时最年轻的学部委员和一级教授之一），1956 年7 月加入中国农工民主党，1979 年被授予"全国劳动模范"称号，1981 年 5 月出任中国科学院院长，1988 年当选为世界科学院副院长。曾获 1991 年中国科学院自然科学奖一等奖、1993 年国家自然科学奖二等奖、1999 年何梁何利基金科学与技术成就奖。

一、惊人的小数点：承载非凡想象力的科学毛估

"假如设计一座桥梁，小数点错一位可就要出大问题、犯大错误，今天我扣你 3/4 的分数，就是扣你把小数点放错了地方。"1933 年，在一次随机的考测之后，区嘉炜教授这样开导卢嘉锡，他显然注意到自己最喜欢的这个学生对老师的评分存在疑惑。区教授教的是物理化学，平时喜欢考查学生，评分也特别严格。这回出的考题中有道题目特别难，全班只有卢嘉锡一个人做出来，可是因为他把答案的小数点写错了一位，那道题目教授只给了 1/4 的分数。如何才能避免把小数点放错地方呢？在理解了教授的一片苦心之后，卢嘉锡思索着。

从此以后，不论是考试还是做习题，他总要千方百计地根据题意提出简单而又合理的物理模型，从而毛估一个答案的大致范围（数量级）；如果计算的结果超出这个范围，卢嘉锡就会仔细检查一下计算的方法和过程。这种做法使他有效地克服了因偶然疏忽引起的差错。

善于总结学习方法的卢嘉锡后来走上了献身科学的道路，他发现从事科学研究同样需要进行毛估或者进行科学的猜想，不过那是一种更高层次的思维活动，因为探索未知世界比起学习和掌握现成的知识要艰巨、复杂得多。在形成科学上的毛估

思想方面，他首先得益于留心揣摩他的导师和后来两度荣获诺贝尔奖（化学奖与和平奖）的鲍林教授的思维方法。

结构化学是一门在分子、原子层面上研究物质的微观结构及其与宏观性质之间相互关系的新兴学科，不过当时的研究手段还处在初级阶段。通常，科学家们需要花费很大的力气才能弄清楚某一物质的分子结构。卢嘉锡注意到鲍林教授具有一种独特的化学直观能力：只要给出某种物质的化学式，他往往就能大体上想象出这种物质的分子结构模型。鲍林教授靠的是一种毛估，我为什么就不能呢？在反复揣摩之后，卢嘉锡领悟到：科学上的"毛估"需要有非凡的想象力，而这种想象力只能产生于那些拥有扎实的基础理论知识和丰富的科研实践经验、训练有素而善于把握事物本质和内在规律的头脑，于是他更加勤奋刻苦，孜孜以求。

二、"科学救国"献身科学

1945 年冬，年方 30 的卢嘉锡满怀"科学救国"的热忱回到祖国，受聘到母校厦门大学化学系任教授兼系主任。

卢嘉锡曾提出固氮酶活性中心的结构模型，从事结构与性能的关系研究等，对我国原子簇化学的发展起到了重要推动作用；他较早应用结构化学理论于新技术晶体材料研究，独立自主地走自己的创新道路；他所设计的等倾角魏森堡照相的 L-P 因子倒数图载入《国际 X 射线晶体学用表（第二卷）》，被称为"卢氏图表"；他恢复建设厦门大学化学系，亲自创办福州大学化学学科和中国科学院福建物质结构研究所，先后培养了一大批物理化学相关专业的顶级人才。

1973 年，国际学术界对固氮酶活性中心结构问题的研究还处在朦胧状态，当时的科学积累距离解开固氮酶晶体结构之谜还有相当一段路程。然而正是在这个时候，卢嘉锡在组织开展一系列实验研究的基础上就提出了固氮酶活性中心的原子簇模型，也就是人们所说的福州模型。它的样子像网兜，因而又称为网兜模型（后来又发展出孪合双网兜模型 ）。四年以后，国外才陆续提出原子簇模型。

时至 1992 年，固氮酶的实际结构终于由美国人测定出来，先前各国学者所提出的种种设想都与这种实际测定的结构不尽相符。猜想与事实之间总是有些距离的，然而作为世界上最早提出的基本模型，19 年前卢嘉锡提出的网兜模型。近似地反映了固氮酶活性中心所具有的重要本质，他的毛估本领不能不让人由衷叹服！

长期的科研实践使卢嘉锡特别重视毛估方法的运用，他常常告诫自己的学生和科研人员：毛估比不估好！他希望有幸献身结构化学的人们在立题研究之初就能定性地提出比较合理的基本结构模型，这对正确地把握研究方向、避免走弯路是很有意义的。但他同时提醒大家：运用毛估需要有科学的前提，那就是全面地把握事物的本质，否则未得其中三昧，那毛估就可能变成瞎估了。

三、孜孜不倦荫泽后世

在教学工作中，卢嘉锡是一位才华横溢而又勤奋严谨的人。他学识渊博且善于表达，讲起课来生动活泼、见解独到，板书格外工整清晰，课堂常常座无虚席，成为厦门大学最受欢迎的教授之一。1947年春，当他在浙江大学完成第一次讲学任务即将离去之际，该校一百多名师生联名写了一封充满激情的挽留信。中华人民共和国成立初期，他曾接受高等教育部的聘请，与唐敖庆等先后到山东大学和北京大学讲授物质结构课程，培养了一大批结构化学的师资。

卢嘉锡在教学过程中注重培养学生的思考能力和解决实际问题的能力。他虽然是一位数学功底很深的化学教授，却经常告诫学生要学会对事物进行"毛估"。他说，"毛估比不估好"，强调思考问题时要学会先大致估计出结果的数量级，尽量避开烦琐的计算，以便迅速地抓住问题的本质，必要时再仔细计算，这样可以提高解决问题的效率。为了培养具有全面素质的人才，他让学生记住一个奇特而有趣的结构式——C_3H_3，即Clear Head（清楚的头脑）、Clever Hands（灵巧的双手）、Clean Habit（洁净的习惯）。他常说："一个老师如果不能培养出几个超过自己的学生，他就不是位好老师。"

1949年后，卢嘉锡培养了十五届共计50多名博士生、硕士生以及许多青年学者，例如田昭武、张乾二、梁敬魁、黄金陵、黄锦顺、吴新涛、潘克桢、陈创天等；蛋白质结晶学家、美国加州理工学院研究员朱沅女士的成长也曾受到卢嘉锡的指导和关怀。

2006年8月，根据卢嘉锡的遗愿，卢嘉锡子女捐出了其生前所获的全部奖金，与农工民主党中央、中国科学院、厦门大学、福州大学、福建物质结构研究所共同发起创建"卢嘉锡科学教育基金会"。该基金会主要用于鼓励科学创新和支持人才培养，设有"卢嘉锡化学奖""卢嘉锡优秀导师奖"和"卢嘉锡优秀研究生奖"，还在厦门设立了"卢嘉锡青少年创新奖"。

2006年12月，为永久纪念卢嘉锡，国内首座全身造型的卢嘉锡铜像在中国科学院福建物质结构研究所落成。卢嘉锡铜像取材于锡青铜，高3米，采用手持原子簇模型的全身造型，展示了卢嘉锡院士严谨治学、求实创新的精神面貌。

2015年10月30日，纪念卢嘉锡同志诞辰100周年座谈会在北京举行。

 教学分析 •···

一、课程思政要素挖掘

1. 科学精神与创新意识
卢嘉锡在结构化学领域不断探索创新，提出"毛估比不估好"的科研理念，强调科研中既要大胆假设，又要严谨论证 。这种理念不仅体现了对科学规律的深刻理解，更展现了敢于突破传统思维的创新精神。在结构化学课程中可引导学生学习其探索未知的勇气，培养学生在专业研究中独立思考、勇于创新的意识，鼓励学生在学术研究中敢于提出新观点、新方法。

2. 家国情怀与责任担当

卢嘉锡放弃国外优厚待遇，毅然回国投身国家建设，为我国结构化学学科发展奠定基础。他将个人科研理想与国家需求紧密结合，把科研成果转化为推动国家科技进步的动力。在教学中可通过讲述他的爱国事迹激发学生的家国情怀，使学生认识到自身专业学习与国家发展的紧密联系，培养学生为国家科技事业奋斗的责任感和使命感。

3. 团队协作与奉献精神

卢嘉锡注重团队建设，积极培养青年人才，带领团队攻克多个科研难题。他甘为人梯，为学生和同事创造良好的科研环境，毫无保留地分享知识和经验。这种团队协作和奉献精神对学生正确处理个人与集体关系、培养合作能力具有重要的教育意义，引导学生在学习和未来工作中树立团队意识，乐于奉献。

4. 严谨治学与工匠精神

卢嘉锡对待科研一丝不苟，在研究工作中始终保持严谨的态度，对实验数据反复验证，对学术成果精益求精。他的这种治学态度是工匠精神在科研领域的生动体现，在课程教学中可引导学生养成严谨的学习和研究习惯，树立追求卓越的品质。

二、融入教育教学的方法

1. 案例教学法

在结构化学课程讲解相关知识点时适时引入卢嘉锡的科研案例。例如，在讲解晶体结构相关内容时介绍卢嘉锡对"毛估"法在晶体结构研究中的应用，分析他如何通过创新思维解决科研难题。通过具体案例让学生深入理解专业知识的同时，感悟其中蕴含的思政要素，实现知识传授与价值引领的有机统一。

2. 专题研讨法

组织学生开展以"卢嘉锡精神与结构化学发展"为主题的专题研讨活动。学生提前收集资料，在课堂上围绕卢嘉锡的科研成就、精神品质以及对学科发展的影响进行讨论，教师引导学生结合自身学习和未来职业规划，思考如何传承和发扬这些精神，培养学生的批判性思维和自我教育能力。

3. 情境教学法

利用多媒体技术创设与卢嘉锡科研和生活相关的情境。例如播放卢嘉锡回国时的历史影像资料、模拟他在实验室工作的场景等，让学生身临其境感受他所处的时代背景和科研环境，增强学生的情感共鸣，使学生更深刻地理解卢嘉锡的精神内涵，激发学生的学习动力和爱国热情。

4. 榜样示范法

邀请结构化学领域的优秀学者或科研工作者走进课堂，分享他们学习卢嘉锡精神的体会以及在科研工作中的实践经验。通过现实中的榜样示范让学生更直观地看到卢嘉锡精神在当代的传承与发展，激励学生以他们为榜样，在专业学习道路上努力奋进。

三、教育教学效果评估

1. 过程性评价

（1）课堂参与度：观察学生在案例分析、专题研讨等课堂活动中的参与积极性，包括发言次数、观点创新性、与小组成员的协作情况等，评估学生对思政内容的接受和思考程度。

（2）学习态度转变：通过日常作业、课堂表现等，观察学生在学习态度上的变化，比如是否更加严谨认真、团队合作意识是否增强等，判断卢嘉锡精神对学生学习态度的影响。

2. 终结性评价

（1）课程论文：布置与卢嘉锡精神和结构化学相关的课程论文，要求学生阐述对卢嘉锡精神的理解，以及如何将其运用到未来的学习和科研中。通过论文质量，评估学生对思政要素的内化程度和综合运用能力。

（2）问卷调查：在课程结束后，设计包含对卢嘉锡精神认知、个人价值观影响、学习动力变化等内容的问卷调查，了解学生通过课程学习在思想和行为上的改变，收集学生的反馈意见，为后续教学改进提供依据。

3. 长期跟踪评价

对学生毕业后的职业发展和科研成果进行长期跟踪，了解学生在实际工作和科研中是否践行卢嘉锡精神，比如是否具有创新意识、是否能够将个人发展与国家需求相结合等，全面评估课程思政的长期教育教学效果。

📁 **参考文献** ●┈┈┈┈┈┈┈┈┈┈┈┈┈┈┈┈┈┈┈┈┈┈┈┈┈┈┈┈┈┈┈┈┈┈┈┈

［1］方正军，易兵.化学化工类课程思政精选案例［M］.北京：化学工业出版社，2021.

［2］叶俊伟.化学化工课程思政素材选编［M］.北京：化学工业出版社，2025.

中国"龙芯之母"黄令仪

黄令仪（1936 年 12 月—2023 年 4 月 20 日），原名廖文蒂，广西南宁人，毕业于华中工学院（今华中科技大学），我国材料科学家，龙芯中科技术股份有限公司研究员，中国科学院微电子研究所研究员、退休干部。作为"龙芯"芯片研发团队项目负责人之一，她被人们誉为"中国龙芯之母"。纵观黄令仪的一生，一辈子坚持为国家做芯片，当得起"不忘初心、牢记使命"的赞誉。

一、救亡图存、立志报国：投身中国半导体事业

黄令仪在抗日战争中长大，随新中国一起成长。因幼时经历了山河破碎的绝望，她早早埋下救亡图存、立志报国的志向。新中国成立后，周恩来总理向中国科学家发出发展我国科学事业的指示。1954 年，黄令仪怀揣着科技兴国的理想以优异的成绩考入华中工学院，学的专业是理工科。她十分热爱所学专业，像一块干涸的海绵在知识海洋里汲取营养。1958 年，黄令仪刚从华中工学院毕业，就被选送到清华大学半导体专业进修深造，主攻半导体器件。自此，她与半导体、集成电路、芯片结上终身之缘。

半导体、集成电路、芯片，非专业人士一般不清楚三者之间的联系。打一个浅显的比方，如果半导体是制造纸张的纤维，那么集成电路就是一张纸，芯片就是一个本子。

1960 年，黄令仪学成返回华中工学院任教，在母校创办半导体专业和实验室。1962 年 10 月，黄令仪按应届毕业生分配到了中国科学院计算技术研究所二室 101 组（固体电路组）工作，自此全身心投入科研工作当中。她刚进入中国科学院计算技术研究所时，我国在半导体方面还是一张白纸。黄令仪一进入实验室，发现四壁空空，只有一个身穿白大褂的年轻人蹲在一个电炉旁边，炉上有一个玻璃烧杯，里面有几块指甲盖大小的紫蓝色硅片，这就是当时要做的二极管。黄令

仪就是在这样艰苦的环境下开始了她不平凡的人生。在随后长达半个多世纪的时间里，从二极管、三极管、大规模集成电路，到中国自主研发设计的第一枚CPU（中央处理器）芯片，黄令仪见证并参与了中国微电子行业从无到有的发展历程。

1989 年，黄令仪被公派到美国一家公司进行合作。有一天国际芯片展会召开，当时还在美国进行外出工作的黄令仪得到这个消息便迅速赶往，但她发现偌大的场地竟没有一家中国企业，那时她在心里默默发誓，一定要好好钻研芯片领域。当面对"我们随时可以关闭中国所有大型发电站、铁路、卫星"的外国专家信口开河时，黄令仪骨子里那股不服输的劲儿瞬间被点燃，但多年的科研素养让她迅速冷静下来，她深知此刻的愤怒无济于事，唯有以实力回击才能捍卫尊严。黄令仪暗暗发誓，她一定要用实力让这些人闭嘴。

1990 年回国后，黄令仪就潜心钻研各种集成电路的设计方法，从建立版图库、时序库开始，到寄生参数对性能的影响、时钟树的生成、全局规划、时序驱动布线等等，全定制、标准单元、宏单元的设计方法都进行过深入研究，用户包括华为的程序控制芯片、计算技术研究所的模糊控制芯片等等。终于，功夫不负有心人，经过数年如一日的艰苦拼搏，1995 年，黄令仪和她的团队迎来了历史性的时刻——一款性能达到国际先进水平的高性能芯片诞生了！这款芯片在运算速度、功耗控制、稳定性等关键指标上均可与国外同类产品一较高下，而且成本更低，适用性更强。这款芯片成功研发后迅速被广泛应用于我国电力、通信、交通等多个关乎国计民生的关键领域，为国家的基础设施建设提供了坚实的技术保障。2000 年，黄令仪设计的芯片被推荐到德国纽伦堡参加国际发明专利博览会。该会于 1949 年创立，第一次邀请中国参加。她还记得，别人的摊位代表的是一个公司，我们的则代表一个国家，摊位小而拥挤，但毕竟突破了"零"。当然，这不只是零的突破，归国途中黄令仪还收到了获得银奖的通知。

二、龙芯诞生：扛起国产 CPU 自主化大旗

进入 21 世纪，国外芯片技术飞速发展，中国科学院计算技术研究所决定研制我国通用 CPU 芯片，2001 年 5 月正式成立龙芯课题组，建立龙芯实验室。2002年，66 岁的黄令仪第一次见到 33 岁的龙芯首席科学家胡伟武，决定加入胡伟武团队。胡伟武对黄令仪说："芯片需要您，让我们一起为龙芯的理想而奋斗。"黄令仪被深深地感动了，为中国人民服务也是她一生的追求！黄令仪毅然决定放弃退休生活，主持中国龙芯项目的研究。一晃又是十五载，从 1B、1C 到 3A、3B，再到 GS464E 和 2D、2E、2F、2F2，每一张设计版图、每一项数据她都要一一过目，绝不允许有丝毫的闪失和偏差，龙芯的每一块芯片中都凝聚着黄令仪的辛勤汗水。黄令仪不顾早已不堪重负的身体，每天早出晚归，在实验室里与星辰为伴。

胡伟武劝她不要这么辛苦，"给年轻人把把关就行。"黄令仪脱口而出："只要生命不止，我的研究就一刻不停。""我最大的心愿就是匍匐在地，擦干祖国身上的耻辱。"

有了黄令仪的加入，龙芯团队大大加快了芯片物理设计的进程。2002年8月10日，我国首款通用CPU龙芯1号研制成功，虽然性能上还有很大的进步空间，却在真正意义上结束了国产计算机无芯可用的历史。2003年3月，黄令仪带领团队一鼓作气投入龙芯2号的研发之中。她对研发这块芯片充满使命感，因为这块芯片可能成为宇航级核心芯片。此前我国宇航用的CPU基本依靠进口，而用于战机的性能最先进的芯片花钱也未必买得到。龙芯2号如果成功，就能改变这一状况。当时正值"非典"期间，实行半封闭管理。黄令仪带领团队加班加点，对龙芯2号的物理设计严格把关。正是因为这样极端严格的要求，有很多次她都在流片前查出问题，避免了损失。2005年4月，龙芯2号在人民大会堂正式发布，实测性能是龙芯1号的10~15倍。如今，龙芯系列已广泛应用在国防、交通等各个领域，例如卫星、战机、高铁等，取得了巨大的经济和社会效益。

三、赤子之心：一生献给"中国芯"

2016年，80岁的黄令仪在国外技术封锁的压力下挺身而出，每天高强度工作，深耕于实验室里，在屏幕前拖动鼠标、查看版图，为研制新一代龙芯殚精竭虑，终于在她82岁（2018年）的高龄时研制出龙芯3号。这是新中国第一个具有完全自主知识产权的芯片，打破了国外对芯片的垄断，每年为国家节省资金超过两万亿元。黄令仪给我国复兴号、歼-20、北斗卫星安上了一颗"中国芯"，实现了百分之百国产化。

2020年1月6日，中国计算机学会（CCF）发布公告，决定将2019年"CCF夏培肃奖"授予龙芯中科技术股份有限公司研究员黄令仪，以表彰她在计算机核心器件方面做出的杰出贡献。获奖理由是：黄令仪研究员在长达半个多世纪的时间里，一直在研发一线，参与了从分立器件、大规模集成电路，到通用龙芯CPU芯片的研发过程，为我国计算机核心器件的发展做出了突出贡献。这不仅仅是一份荣誉，而是整个国家对黄令仪的肯定和感谢，她为国家洗刷屈辱的梦想终于实现了。

半个多世纪以来，黄令仪一直致力于芯片研发，龙芯快速迭代，每一块芯片都凝聚着她的心血；每一张设计版图、每一项数据，她都不允许有丝毫偏差。她把生命时光几乎全部用在了芯片上，以至于没有心思，也没有时间享受生活。2023年，86岁高龄的黄令仪研究员仍活跃在科研前线，带领着新一代的科学工作者们保持初心、砥砺前行，直至生命的最后一刻。

教学分析 •···

一、课程思政要素挖掘

1. 爱国情怀

黄令仪一生致力于集成电路事业的发展，即便在退休后仍加入龙芯研发团队，只为解决国家芯片"卡脖子"问题，突破国外技术封锁。这种将个人理想与国家需求紧密相连、为国家科技发展无私奉献的精神能激发学生的爱国之情，让学生明白个人成长与国家命运息息相关，鼓励他们将爱国情怀转化为学习和奋斗的动力。

2. 科学精神

黄令仪长期坚守研发一线，参与从分立器件、大规模集成电路到通用龙芯 CPU 芯片的研发，历经无数困难与挑战。这体现出的勇于探索、坚持不懈、精益求精的科学精神可教育学生在学习和科研道路上要不畏艰难、勇于创新、严谨认真，培养他们面对挫折时的坚韧意志和追求真理的科学态度。

3. 职业素养

黄令仪在微电子领域的专业能力过硬，从创办首个半导体实验室、半导体专业，到在各阶段研发工作中发挥关键作用，展现了极高的专业素养与敬业精神。这能引导学生树立正确的职业观，激励他们努力提升专业技能，培养敬业、专注、负责的职业素养，为未来职业发展做好准备。

4. 社会责任

黄令仪的工作成果对我国航天微电子、计算机等领域的发展意义重大，关乎国家战略安全和科技进步。借此可让学生理解自身未来所肩负的社会责任，明白所学知识不仅是为个人发展，更是为推动社会进步、国家繁荣贡献力量，增强他们的社会责任感和使命感。

二、融入教育教学的方法

1. 案例教学法

在课堂讲授专业知识时引入黄令仪的事迹，例如讲解芯片相关知识时介绍她在龙芯研发中的具体工作和遇到的技术难题，以及如何克服困难取得突破。引导学生分析案例，思考背后体现的思政要素，比如爱国情怀如何促使她克服困难，科学精神在解决技术难题中起到什么作用等，加深学生对思政内容和专业知识的理解。

2. 小组讨论法

组织学生以小组形式讨论黄令仪事迹对自己的启示，设定讨论主题，例如"黄令仪的职业选择对我们未来就业的启示""从黄令仪看科学精神与个人成长"等。各小组在讨论后进行汇报，教师总结点评，引导学生在交流中碰撞思想火花，形成正确的价值观和职业观。

3. 实践教学融合

在实践课程或实验教学中鼓励学生以黄令仪为榜样，在面对实践难题时勇于探索、敢于创新。例如在电子电路实验中，如果学生遇到电路故障等问题，引导他们像黄令仪解决芯片技术难题一样，不轻易放弃，通过查阅资料、团队协作等方式去解决问题，培养他们的实践能力和科学精神。

4. 邀请专家讲座

邀请了解黄令仪工作经历或在微电子领域有深入研究的专家学者举办讲座，分享黄令仪的科研故事和行业发展动态。专家还可结合自身经历，进一步阐述在科研工作中践行爱国精神、科学精神的重要性，使学生更直观、更深入地感受课程思政内涵。

三、教育教学效果评估

1. 学生课堂表现评估

观察学生在涉及黄令仪事迹讨论和学习时的参与度，包括是否积极发言、提出有价值的观点，小组讨论中的表现等。参与度高、能积极思考并表达观点的学生，表明他们对思政内容有较高的兴趣和思考深度。

2. 作业与考试评估

在作业和考试中设置相关问题，例如"请结合黄令仪事迹，谈谈你对科学精神的理解""从黄令仪的职业历程分析如何将个人职业发展与国家需求相结合"等，根据学生答题情况评估他们对思政要素的理解和掌握程度。

3. 学生思想行为变化评估

通过日常观察、与学生交流等方式了解学生在学习黄令仪事迹后思想和行为上的变化。比如是否对专业学习更有热情、是否在团队合作中更具责任感、是否对国家科技发展更加关注等，以此判断课程思政的长期影响效果。

4. 问卷调查评估

开展问卷调查，询问学生对将黄令仪事迹融入教学的看法和收获，例如"黄令仪的事迹对你的价值观产生了哪些影响""你是否在学习和生活中尝试践行从她身上学到的精神品质"等，收集学生反馈意见，以便不断优化教学方法和内容。

📁 **参考文献** ···

［1］方正军，易兵. 化学化工类课程思政精选案例［M］. 北京：化学工业出版社，2021.

［2］姜涛，葛春华. 化学课程思政元素［M］. 北京：高等教育出版社，2021.

中国的稀散元素

稀散元素是镓（Ga）、铟（In）、铊（Tl）、锗（Ge）、硒（Se）、碲（Te）、铼（Re）七个元素的总称。这些元素的特点是其本身在地球中的储量稀少且无独立矿物，以伴生共存状态分散于其他有色金属矿物中。自然界中稀散元素多以类质同象、少数以微量杂质状态存在于其他矿物中，特别是较多地伴生在铜、铅、锌、锡和铝等有色金属矿物、黄铁矿与煤矿之中，故其资源随其他矿物的储量增大而增大。我国的有色金属和煤是优势产业，而与它们紧密伴生的稀散元素也异常丰富。经勘探查明，我国是全世界稀散元素资源最丰富的国家。1990 年国家组织专家评估：我国稀散元素资源对经济建设保证程度极高，确立了稀散元素我国优势产业的地位。

一、稀散元素的战略价值

"微量但关键"的稀散元素在众多领域是不可替代的原材料，例如电子、冶金、仪表、化工、医药等。镓用于集成电路和探测器光、电二极管等；铟用于红外探测器、液晶显示屏等；铊用于医学探测器、超导磁体等；锗用于催化剂、半导体与电子器件等；硒用作电子仪器材料、化工原料、玻璃着色剂、食品添加剂、管道材料等；碲用于光电仪器、冶金工业、橡胶的添加剂等；铼用于发动机的高温组件、石油化工的催化剂等。稀散元素及其组成的合金、化合物或新材料由于具有特殊的光、电、磁、半导体、绝缘等物理特性，已经被广泛用于电子通信、航空航天、能源、军事及生命科学等领域，成为现代科技发展的一个重要支撑材料。

海湾战争期间，高技术兵器尤其是精确制导武器的作用发挥得淋漓尽致。以美军为首的多国部队大量使用了以稀散元素制成的核心元器件并装备于卫星、现代通信及电子技术和光电制导等武器中，牢牢控制了战争的主动权。战后世界各国对稀散元素的研究热情空前高涨，稀散元素在高新技术领域中的应用越来越深、越来越广，技术也更趋于成熟。

以美国、日本、德国为代表的西方发达国家非常重视稀散元素的开发、研究与应用，并将其成功地用于诸多高新技术领域，产生了巨大的经济与社会效益。目前，国外生产稀散元素的企业约 540 家。亚洲及太平洋地区是全球消耗镓的主要地区，以镓为催化剂净化汽车尾气的第三代半导体氮化镓的研究与应用是目前全球半导体研究的前沿和热点。由于近年来铟化合物（ITO）崛起，铟的用量激增，美国、日本已批量购进铟作为战略储备，也刺激了铟的生产。美国以铊作为超导材料与日本以铊作为核屏蔽材料的研究正在进行中，如能应用，则铊的年消耗量也将大增。锗主要用作光纤、催化剂及红外材料。因为光纤每15年需替换一次，故今后锗消耗量会激增；锗被用于制造夜视仪，是近年来锗的另一个消耗市场。近年复印机市场缩小，硒的用量及售价都在持续下降，低价可能会促进硒的新用途研究；同时，由于环保法规的日益严苛，硒被用于电解锰的生产流程，这将极大促进硒的消耗，我国目前已成为全球最大的硒消费国。碲主要用于红外探测器、制冷与半导体高端应用等，中国正通过稀散元素深加工技术（如辽宁大学的高纯碲提纯工艺）挑战欧美高端市场。铼过去主要用作石油重整催化剂，近年来则主要用作镍基超耐热合金的添加组分而用于火箭喷嘴、导弹防护层及喷气战机的涡轮叶片等，这些高新技术领域中的应用将大大刺激铼的生产。

二、逆袭之路：从受制于人到全球领先

1. 两弹一星催生的突破

中国稀散金属矿产丰富，为发展稀散金属工业提供了较好的资源条件，然而新中国成立前，中国仅有28家有色金属企业，无一家企业回收稀散元素。新中国成立初期，中国稀散元素产业几乎一片空白，高端材料完全依赖进口。然而，"两弹一星"工程的紧迫需求，迫使中国必须攻克稀散元素的自主提取技术。以锗为例，作为半导体核心材料，其提纯技术长期被西方国家封锁。中国科学家从零起步，在简陋条件下首创"氯化蒸馏-区域熔炼"联用法，于1962年成功制备出纯度达99.999%的高纯锗，之后实现规模化量产，应用于首颗原子弹的半导体器件制造。同期，针对导弹制导系统对硒光电材料的急需，北京有色金属研究总院开发出"氧化焙烧-选择性还原"工艺，使硒回收率突破80%，成本仅为进口产品的1/5。这些突破不仅解决了国防工程的"燃眉之急"，更推动中国建立起全球首个从矿石到高纯产品的稀散元素全产业链体系，彻底终结了"出口原矿、进口成品"的被动局面。

2. 技术攻坚：分离与提纯的巅峰

稀散元素的提取曾是中国工业的"卡脖子"难题——它们以微量伴生形式存在于铜、铅等矿石中，分离提纯如同"大海捞针"。中国科学家通过创新萃取技术和工艺设计，实现了从"跟跑"到"领先"的跨越。例如，广州有色金属研究院开发的"溶剂萃取-电解联合法"，将铟的回收率从不足50%提升至90%以上，并于1995年取得工业化；辽宁大学首创的"选择性沉淀-离子交换"技术，使高纯锗（99.9999%）制备成本降低60%（1998年工业化数据）。这些突破不仅攻克了复杂矿源中稀散元素高效分离的世界性难题，更让中国掌握了铟靶材、锗红外透镜等关键材料的核心

技术，为高端应用奠定了基础。

3. 产业跃迁：从原料出口到高值应用

过去中国仅能出口稀散金属原矿等初级产品，如今通过技术赋能，稀散元素产业链完成"三级跳"：在通信领域，中国自主研发的锗单晶已用于北斗卫星的太空级太阳能电池；在光电产业，国产高纯铟制成的ITO（氧化铟锡）靶材打破日韩垄断，支撑全球30%的液晶面板生产；在国防科技方面，碲化镉薄膜太阳能电池为高原边防部队提供全天候能源，铼镍合金则成为国产航空发动机涡轮叶片的核心材料。这些案例标志着中国稀散元素产业已从"卖矿石"转向"卖技术"，并逐步掌握光纤、半导体等高端市场的定价权。

三、未来战场：稀散元素的"中国方案"

1. 产学研生态构建

中国目前有四十多家企业、研究院所及高等学校从事稀散元素的生产及技术开发研究，形成了一支科技素质较高的科研及生产队伍。

在稀散元素生产工艺方面，我国有许多成果处于世界先进水平，特别是广州有色金属研究院、北京有色金属研究总院、中南大学、辽宁大学及昆明理工大学的研究成果在国内外稀散元素研究界有很大的影响。

地处东北的辽宁大学较早地开展了稀散元素基础理论、新型功能化合物合成及深度开发研究的工作。从1968年开始，在原辽宁省科技局支持下，辽宁大学开始开发应用研究。1997年，在国家自然科学基金委的倡导下，辽宁大学成立了全国第一个稀散元素研究机构——辽宁大学稀散元素化学研究所（2015年升格为辽宁大学稀散元素化学研究院），并于2003年获批辽宁省稀散元素重点实验室。由于在稀散元素化学研究方面取得的研究成果，及连续二十余次获得国家自然科学基金立项，辽宁大学被国家自然科学基金委确定为国内稀散元素化学研究基地，并责成辽宁大学稀散元素化学研究所制定了我国无机化学发展战略中的稀散元素研究与应用部分。2002年，在国家"211工程"二期学科建设项目论证中，辽宁大学"稀散元素化学与功能材料"作为建设项目被正式立项，获得教育部的批准并通过验收。

迄今为止，辽宁大学稀散元素化学研究院承担完成国家科技支撑计划2项，国家自然科学基金项目35项，国际合作项目5项，省级基金及企业委托横向课题多项。与全国重要的稀散元素生产企业建立了广泛的联系，已先后与广西华锡集团、江西铜业集团、广东韶关岭南铅锌集团、南京锗厂、南京金美镓业有限公司、株洲斯特公司、广西铟泰公司、内蒙古通力锗业、中铼工业、陕西有色金属集团等国内稀散元素的重要生产厂家进行了合作研究，积累了较丰富的应用开发经验。国际上，辽宁大学稀散元素研究团队与德国慕尼黑工业大学的研究组建立了长期而亲密的合作关系。

2. 跨界创新：生命科学+中医药

我国由于具有独特的资源优势并有多年稀散元素研究的经验及成果基础，在高新技术领域发展潜力巨大。例如，以稀散元素合成的化合物半导体及红外材料研究水平已达到与发达国家同步的国际领先水平。而对于稀散元素在生命科学中的应用，特别是我国特有的中草药资源与稀散元素资源结合，开发具有特殊药效的新型稀散元素化合物药物，更是引起世界学术界的关注。

3. 青年力量与国际话语权

2019 年是联合国"国际化学元素周期表年"，中国化学会遴选了 118 位青年化学家作为化学元素的"代言人"，向民众普及化学和"化学元素周期表"的知识和意义。其中，武汉大学付磊是镓（Ga）代言人、南京工业大学沈志良是铟（In）代言人、中国科学院宁波材料技术与工程研究所黄又举是钽（Ta）代言人、中国科学技术大学肖斌是锗（Ge）代言人、中山大学赵晓丹是硒（Se）代言人、西安交通大学何刚是碲（Te）代言人、辽宁大学房大维是铼（Re）代言人。

"元素代言人"计划中中国青年科学家的亮相，预示下一代科研梯队的崛起，中国稀散金属事业将完成从"资源大国"到"技术强国"的跃迁，通过深空-深海-数字-生物四维资源开发、极限性能材料创新和全球供应链重塑，最终构建"稀散金属人类命运共同体"——这不仅是产业愿景，更是保障国家战略安全和引领新质生产力的关键环节。

 教学分析 •···

一、课程思政要素挖掘

1. 科学精神与创新意识

稀散元素的研究与应用是一个不断探索、创新的科学领域。在课程中可以通过介绍科学家们在发现稀散元素、探索其性质和应用过程中的艰辛历程，例如德国化学家文克勒发现锗元素的故事，让学生体会到科学研究需要严谨的态度、敏锐的观察力和勇于质疑的精神。同时，展示当前稀散元素在前沿科技领域如 5G 通信、人工智能芯片等方面的创新应用，激发学生的创新意识，鼓励他们勇于追求科学真理，培养探索未知的兴趣和能力。

2. 家国情怀与社会责任

我国拥有丰富的稀散元素资源，在稀散元素的开发利用方面也取得了一定成果。讲述我国在稀散元素产业发展中如何从依赖进口到逐步实现技术突破、在全球产业链中占据一席之地，增强学生的民族自豪感和自信心。同时，强调稀散元素在国家战略中的重要性，比如在国防军工、新能源等领域的关键作用，让学生认识到自身肩负的社会责任，引导他们树立为国家科技进步和产业发展贡献力量的志向。

3. 可持续发展理念

稀散元素多为不可再生资源，且在提取和应用过程中可能对环境造成一定影响。课程中引入资源可持续利用和环境保护的内容，例如讲解稀散元素的循环利用技术、绿色提取工艺等，培养学生的环保意识和可持续发展观念，使他们在未来的科研和生产实践中注重资源节约和环境保护，推动行业的绿色发展。

二、融入教育教学的方法

1. 案例教学法

引入实际案例，将思政元素自然融入。比如，在讲解稀散元素的应用时以我国某企业利用稀散元素研发新型半导体材料，打破国外技术垄断，实现产业升级为例，不仅让学生了解了稀散元素的应用价值，还能体会到科技创新对国家发展的重要性，激发学生的爱国情怀和创新精神。在介绍稀散元素的提取工艺时以某工厂因环保措施不到位、对周边环境造成污染为例，引导学生讨论如何在资源开发过程中实现经济发展与环境保护的平衡，强化学生的环保意识和社会责任。

2. 小组讨论法

设置与思政相关的讨论主题，组织学生分组讨论。例如，针对"稀散元素资源的有限性与人类日益增长的需求之间的矛盾"这一主题，让学生探讨解决资源短缺问题的方法和途径，培养学生的批判性思维和团队协作能力，同时加深他们对可持续发展理念的理解。在讨论过程中，鼓励学生发表不同观点，引导他们从多个角度分析问题，增强学生的社会责任感和担当意识。

3. 实践教学法

在实践教学环节融入思政元素。例如安排学生参与稀散元素相关的科研项目或企业实习，让他们在实际操作中体会科学精神和工匠精神的内涵。在实习过程中引导学生了解企业的社会责任和行业规范，培养学生的职业素养和职业道德。组织学生开展关于稀散元素产业发展的社会调研，要求学生关注产业发展对当地经济、环境和社会的影响，并提出自己的见解和建议，增强学生对社会现实问题的关注并提升分析解决问题的能力。

三、教育教学效果评估

1. 学生的思想认识提升

通过课堂表现、讨论发言、课程论文等方式，评估学生对科学精神、家国情怀、社会责任和可持续发展理念等思政元素的理解和认同程度。观察学生在面对科学问题时是否展现出严谨、创新的态度；在讨论国家科技发展和产业问题时是否表现出强烈的爱国热情和责任感；在思考资源与环境问题时是否具备可持续发展的意识。

2. 学生的行为表现

观察学生在学习和生活中实际行为的变化，例如是否积极参与科研创新活动、是否关注环保问题并践行绿色生活方式、是否在团队合作中表现出良好的协作精神和担当意识等。通过学生在实践项目中的表现评估他们将思政理念转化为实际行动的能力。

3. 学生的反馈评价

定期收集学生对课程思政融入教学的反馈意见，通过问卷调查、座谈会等形式了解学生对课程思政内容和教学方法的满意度，以及他们认为课程思政对自己的启发和帮助。根据学生的反馈意见及时调整和改进教学内容与方法，以提高课程思政的教学效果。

📁 **参考文献** ●┄┄

［1］林承志. 化学之路——新编化学发展简史［M］. 北京：科学出版社，2011.

［2］姜涛，葛春华. 化学课程思政元素［M］. 北京：高等教育出版社，2021.

案例 12

屠呦呦与青蒿素的不解之缘

屠呦呦（1930 年 12 月 30 日—），药学家，浙江宁波人，现为中国中医科学院首席科学家、终身研究员兼首席研究员、青蒿素研究开发中心主任、博士生导师，共和国勋章获得者。2015 年 10 月因开创性地从中草药中提取青蒿素和化学改性并应用于治疗疟疾而获得诺贝尔生理学或医学奖，成为诺贝尔奖设立 120 多年来迄今为止第一位获奖的中国本土科学家，是第一位获得诺贝尔生理学或医学奖的华人科学家，也是中医药成果和中国医学界迄今为止获得的最高奖项。2017 年 1 月 9 日获 2016 年国家最高科学技术奖；2018 年 12 月 18 日，党中央、国务院授予屠呦呦同志改革先锋称号，颁授改革先锋奖章；2019 年 5 月入选福布斯中国科技 50 女性榜单；2020 年 3 月入选《时代周刊》100 位最具影响力女性人物榜；2020 年，中国中医科学院与上海中医药大学开设九年制本博连读中医学"屠呦呦班"。

一、领衔提炼青蒿素

屠呦呦出生于浙江省宁波市，她的父亲屠濂规是名中医，很有中国文化修养，特意摘引《诗经·小雅·鹿鸣》中的名句"呦呦鹿鸣"为她取名为"呦呦"，寄托了父母对她的美好期待。这首诗中的"苹""蒿""芩"分别指艾蒿、青蒿、蒿类植物。任谁也不曾想到，从这一天起，屠呦呦就与青蒿结下了世纪不解之缘。

呦呦鹿鸣，食野之苹。我有嘉宾，鼓瑟吹笙。
吹笙鼓簧，承筐是将。人之好我，示我周行。
呦呦鹿鸣，食野之蒿。我有嘉宾，德音孔昭。
视民不恌，君子是则是效。我有旨酒，嘉宾式燕以敖。
呦呦鹿鸣，食野之芩。我有嘉宾，鼓瑟鼓琴。
鼓瑟鼓琴，和乐且湛。我有旨酒，以燕乐嘉宾之心。

1951 年，屠呦呦考入北京医学院（今北京大学医学部）药学系学习，专业是生药学。在大学 4 年的专业课程中，她尤其对植物化学、本草学和植物分类学有着极大的兴趣，1955年毕业后被分配到中国中医研究院（现中国中医科学院）中药研究所工作。

早在20世纪60年代，疟疾（俗称"打摆子"）在世界各地广泛流行，夺去了许多人的生命，成为当时人类最头疼的疾病之一，是全球关注的重大公共卫生问题之一。据世界卫生组织统计，全球近100个国家和地区的33亿人口处于疟疾高度和中度流行状态（其中有12亿人口生活在高危区域，这些区域的人口患病率有可能高于千分之一），每年发病人数为1.5亿，病死率极高的疟疾就如同死神一样慢慢地收割着人类的生命，每年死于疟疾的人数超过200万。面对这种现实状况，如何找到抗疟新药替代失效的传统旧药奎宁成为世界性的棘手问题，各国纷纷投入大量人力、物力、财力研发抗疟药物，但几十年来每一次实验都铩羽而归。

1967年5月23日，我国紧急启动"疟疾防治药物研究工作协作"项目，代号为"523"。1969年1月，中国中医研究院接受了"523"项目研究任务，屠呦呦临危受命，被任命为抗疟中草药科研小组组长，开始了发现青蒿素的艰苦历程。然而，要在设施简陋和信息渠道不畅条件下短时间内对几千种中草药进行筛选，其难度无异于大海捞针，但这些看似难以逾越的阻碍反而激发了屠呦呦的斗志，她走的是爱迪生式的艰难试错之路。屠呦呦带领科研小组从系统收集整理历代中医药典籍和调阅大量本草、民间方药入手，走访了名老中医并收集他们用于防治疟疾的方剂和中药，在汇集了包括植物、动物、矿物在内的2000余内服、外服方药基础上，编写了以640种中草药物为主、包括青蒿在内的《抗疟单验方集》，对其中的200多种中草药和380多种提取物开展筛查实验研究。屠呦呦在筛选对象中发现有一种中草药叫青蒿（即黄花蒿，一种具有独特气味挥发性物质的常见杂草类植物），中国人应用它治病由来已久。东晋（公元3—4世纪）道教理论家、著名炼丹家和中医药学家葛洪所著的《肘后备急方》中关于青蒿的记载给屠呦呦带来了第一次灵感，她组织提取了青蒿的有效成分，前后总计做了190次动物实验，但青蒿的最初效果并不出彩，她的寻找也一度陷入困境、失败。屠呦呦再一次求助古老的中国智慧，又重新细细翻找、温习经典中医古籍，进一步思考葛洪《肘后备急方》中有关"青蒿一握，以水二升渍，绞取汁，尽服之"的截疟记载（其中"渍"和"绞"物理操作分别表示浸取和过滤）。这再次给屠呦呦以第二次灵感，马上意识到问题可能出在传统中药常用的"水煎"法上，而《肘后备急方》记载使用青蒿抗疟是通过"绞汁"，因为高温会破坏青蒿中的有效成分，使她联想到提取过程可能需要避免高温，由此要改用低沸点溶剂的提取方法。1971年9月，屠呦呦设计了第191次实验方法，改用低温化学萃取，用乙醚回流或冷浸，而后用碱溶液除掉酸性部位的方法制备样品，效率果然明显提高。1971年10月4日，屠呦呦团队在第191次低沸点实验中终于发现了抗疟效果为100%的青蒿乙醚中性提取物，即标号191#的样品。1972年，屠呦呦和她的同事从这一关键提取物中提炼出了一种分子式为$C_{15}H_{22}O_5$、熔点为156℃～157℃的无色结晶物质，即抗疟活性成分青蒿素。1992

年，针对青蒿素成本高、对疟疾难以根治等缺点，屠呦呦又发明出双氢青蒿素这一抗疟疗效为前者 10 倍的"升级版"。

青蒿素的发现是人类抗疟历史上的里程碑。青蒿素是继乙胺嘧啶、氯喹、伯氯喹之后最有效的抗疟特效药，尤其对脑型疟疾和抗氯喹疟疾具有速效、低毒的特点。以青蒿素类药物为主的联合疗法于 1999 年成为世界卫生组织推荐给全球使用的唯一有效抗疟疾标准疗法，青蒿素被誉为拯救了 2 亿人生命的伟大发现，现每年治疗患者数亿人。特别是在非洲等疟疾重灾区，青蒿素挽救了数百万人的生命；90% 的疟疾死亡病例发生在非洲，约 70% 非洲疟疾患者使用青蒿素复方药物得到了有效治疗。据世界卫生组织统计，自 2000 年起，非洲撒哈拉沙漠以南地区约 2.4 亿人受益于青蒿素联合疗法，约 150 万人因青蒿素避免了死亡；在西非贝宁，当地民众把中国医疗队使用的这种价格便宜、疗效明显的药称为"来自遥远东方的神药"。

二、受启《肘后备急方》

"三无"科学家屠呦呦深受 1600 年前葛洪所著《肘后备急方》中相关记载的启发，产生了两次巨大研究启示，奠定了青蒿素的发现，她说《肘后备急方》是"关键的文献启示"。青蒿素是具有过氧桥结构的倍半萜内酯化合物，其结构中的过氧基是抗疟性必需的基团。从青蒿素出发，在不破坏过氧结构的前提下，利用简单的化学试剂对其改性，将会极大地提高其催化活性。我们有理由相信，青蒿素是传统中医药与现代化学碰撞产生的火花，可以说是化学方法形成的结果。屠呦呦指出："正是这些信息的收集和解析铸就了青蒿素发现的基础，也是中药新药研究有别于一般植物药研发的地方。……青蒿乙醚中性提取物抗疟药的突破是发现青蒿素的关键。……中医药从神农尝百草开始，在几千年的发展中积累了大量临床经验，对于自然资源的药用价值已经有所整理归纳。中国医药学是一个伟大宝库，青蒿素正是从这一宝库中发掘出来的，通过继承发扬、发掘提高，一定会有所发现、有所创新，从而造福人类。"但这并不是中医药智慧取得成果的唯一例子。中国学者张亭栋教授和陈竺院士的现代临床研究已经表明，"以毒攻毒"方法下历史悠久的三氧化二砷是一种广泛应用于肿瘤疾病临床治疗的有效且相对安全的中药。

中医药在中国有漫长的发展史，形成了高度的独特哲学思维。发掘中国医药宝库需要使中医中药走上现代化之路，那么首先要使用现代科学方法解决中医药问题。大自然给我们提供了大量的动植物资源，祖先给我们留下了几千个中医药成方，科学挖掘这些宝贵资源需要当代化学工作者贡献力量。化学学科为中药的科学发展和合理应用提供了良好的技术基础，化学或药物化学在中医药现代化过程中将发挥关键作用，化学与中药结合必将为解决全球医疗难题提供更多的中国智慧和中国方案。

一、课程思政要素挖掘

1. 坚韧不拔的毅力

屠呦呦在研究青蒿素的过程中，历经无数次失败，但她始终没有放弃，坚持不懈地进行实验和研究。这种坚韧不拔的毅力可以激励学生在面对困难和挫折时，不轻易放弃，勇敢地迎接挑战。例如，在课堂上讲述屠呦呦在艰苦的条件下如何一次次尝试提取青蒿素的故事，引导学生思考自己在学习和生活中遇到困难时应该如何坚持下去。

2. 勇于创新的精神

屠呦呦敢于突破传统思维，尝试用新的方法提取青蒿素。她从古代文献中获得灵感，结合现代科学技术，最终成功地发现了青蒿素。这种勇于创新的精神可以激发学生的创造力和创新思维，鼓励他们在学习和研究中敢于尝试新的方法和思路。比如，通过分析屠呦呦的研究方法让学生了解创新在科学研究中的重要性，引导学生在学习中培养创新意识。

3. 无私奉献的精神

屠呦呦一心扑在青蒿素的研究上，为了拯救全球疟疾患者，她无私地奉献了自己的时间和精力。她的研究成果不仅为中国，也为全球公共卫生事业做出了巨大贡献。这种无私奉献的精神可以培养学生的社会责任感和奉献精神，让他们明白自己作为社会的一员，应该为他人和社会做出贡献。在教学中，可以讲述屠呦呦在研究过程中不顾个人安危亲自试药的故事，让学生体会她的无私奉献精神，引导学生思考如何在生活中做到无私奉献。

4. 团队合作的精神

青蒿素的研究是一个团队合作的成果。屠呦呦带领她的团队共同努力，攻克了一个又一个难题。这种团队合作的精神可以培养学生的合作意识和团队精神，让他们明白在现代社会中，团队合作的重要性。例如，组织学生进行小组活动，让他们在合作中体会团队的力量，引导学生思考如何在团队中发挥自己的优势，共同完成任务。

5. 爱国主义精神

屠呦呦的研究成果为中国赢得了世界的尊重，她的爱国情怀也深深地感染着每一个人。她在研究过程中始终牢记自己的使命，为了国家的利益和人民的健康，无私地奉献着自己的一切。这种爱国主义精神可以激发学生的爱国热情，让他们明白自己作为一名中国人，应该为祖国的繁荣富强贡献自己的力量。在教学中可以通过讲述屠呦呦的事迹，让学生了解爱国主义的内涵和重要性，引导学生树立正确的国家观和民族观。

二、融入教育教学的方法

1. 课堂教学

在相关课程中，比如生物学、化学、医学等，融入屠呦呦与青蒿素的故事，讲解青蒿素的发现过程、作用机制和临床应用等知识，挖掘其中的思政要素，引导学生进行讨论和思考。例如，在生物学课上讲解疟疾的防治时，可以引入屠呦呦的故事，让学生了解青蒿素在全球疟疾防治中的重要作用，同时引导学生思考屠呦呦的精神品质对自己的启示。

2. 实验教学

在实验课中设计与青蒿素相关的实验，让学生亲身体验科学研究的过程，培养学生的实践能力和创新精神。比如，在化学实验课中让学生尝试提取青蒿素的类似物质，让他们在实验中体会屠呦呦的研究方法和创新精神。

3. 案例分析

选取屠呦呦在青蒿素研究过程中的典型案例进行深入分析和讨论，培养学生分析问题和解决问题的能力。例如，分析屠呦呦在研究过程中遇到的困难和挑战以及她是如何克服这些困难的，让学生学习她解决问题的方法和思路。

4. 课外阅读与实践活动

推荐学生阅读有关屠呦呦与青蒿素的书籍、文章和纪录片，拓宽学生的知识面和视野。组织学生参加与青蒿素相关的实践活动，例如科普宣传、志愿服务等，让学生在实践中体会屠呦呦的精神品质。比如：组织学生观看《屠呦呦》纪录片，让学生更深入地了解屠呦呦的事迹和精神；组织学生参加青蒿素科普宣传活动，向社区居民介绍青蒿素的作用和意义，提高学生的社会责任感和服务意识。

三、教育教学效果评估

1. 学生反馈

通过问卷调查、座谈会等方式了解学生对屠呦呦与青蒿素的课程思政内容的理解和感受，收集学生的意见和建议。例如：在课程结束后发放问卷，调查学生对屠呦呦精神品质的认识和体会；组织学生座谈会，让学生分享自己在学习过程中的收获和感悟。

2. 学习表现

观察学生在课堂学习、实验操作、课外阅读和实践活动中的表现，评估学生的学习态度、创新能力、团队合作精神和社会责任感等方面的变化。比如：看学生在课堂上是否积极参与讨论、提出有价值的问题；在实验中是否认真操作、勇于尝试新方法；在课外阅读和实践活动中是否主动参与、表现出责任感和奉献精神。

3. 考试成绩

在考试中设置与屠呦呦与青蒿素相关的题目，考查学生对知识的掌握程度和对思政要素的理解。例如，在生物学、化学、医学等课程的考试中设置简答题或论述题，要求学生分析屠呦呦的研究成果对全球公共卫生事业的贡献，或者让学生结合自己的学习和生活，谈谈如何学习屠呦呦的精神品质。

4. 实践成果

评估学生在实践活动中的成果，例如科普宣传效果、志愿服务质量等，看学生是否能够将思政要素转化为实际行动。比如：评估学生在青蒿素科普宣传活动中的表现，看他们是否能够准确地介绍青蒿素的作用和意义，提高公众的科学素养；评估学生在志愿服务活动中的表现，看他们是否能够关心他人、奉献社会，体现出责任感和奉献精神。

📁 **参考文献** ••

［1］方正军，易兵. 化学化工类课程思政精选案例［M］. 北京：化学工业出版社，2021.

［2］姜涛，葛春华. 化学课程思政元素［M］. 北京：高等教育出版社，2021.

波义耳把化学确立为科学

罗伯特·波义耳（Robert Boyle，1627 年 1 月 25 日—1691 年 12 月 30 日），英国化学家、物理学家和自然哲学家，伦敦皇家学会创始人之一，近代化学元素理论先驱，主要从事分子物理、光和电现象、力学等方面的研究。波义耳是第一位明确阐述化学元素本性并主张把化学看成一门独立科学的科学家。恩格斯对其给予高度评价，指出"波义耳把化学确立为科学"。

波义耳出生在爱尔兰的一个贵族家庭，家境优裕为他的学习和日后的科学研究提供了较好的物质条件。他生活在 17 世纪英国资产阶级革命时期，也是众多近代学科开始出现的时代，这是一个科学巨匠辈出的时代。波义耳的科学实践活动范围十分广泛，他曾研究过气体物理学、气象学、热学、光学、电磁学、无机化学、分析化学、化学、工艺、物质结构理论以及哲学、神学，其中表现最卓越的主要是对化学科学的以下三方面贡献：①波义耳认识到，化学值得为其自身目的去研究，而不仅仅是从属于医学和冶金学；②波义耳给化学元素下了一个科学朴素的定义："我们可以把凝结物所提供或组成凝结物的那些截然有别的物质称为这些凝结物的元素或原质。"③波义耳把严密的实验方法引入化学中并为之奋斗了一生，他的许多科学成就都来自严密的科学实验方法。

一、出版《怀疑派化学家》

1661 年，波义耳在伦敦出版了一本对化学发展产生重大影响的著作——《怀疑派化学家：或化学与物理学上的疑点与矛盾，并且世俗炼金家用以证明盐、硫、汞为物质真正原质的实验》。由于书名太长，1911 年再版时将其简化为《怀疑派化学家》（*The Skeptical Chemist*）。波义耳在《怀疑派化学家》一书中仿照伽利略《关于两大世界体系的对话》的写作方式提出了"十大怀疑"，以问答方式系统地回答了怀疑派化学家的十个问题，阐述了"化学必须是为真理而追求真理的化学"的思想。为了引起人们的重视，波义耳在《怀疑派化学家》中强调：化学到目前为止还是只在制造医药和工业品方面具有价值。但是，我们所学的化学绝不是医学或药学的婢女，也不应甘当工艺和冶金的奴仆，化学本身作为自然科学中的一部分是探索宇宙奥秘的一个方面。化学必须是为真理而追求真理的化学。

在西方，化学史家们把《怀疑派化学家》问世的 1661 年作为近代化学开始之年，可见这本著作对化学发展所具有的重大影响。如果把伽利略的《关于两大世界体系的对话》作为经典物理学的起点，那么波义耳的《怀疑派化学家》就是近代化学的开端。

为了确立化学的科学地位，波义耳通过《怀疑派化学家》解决了化学的核心概念——元素。与其他化学家相比，波义耳更多地以严密的逻辑和必要的实验来检验自己的猜想。波义耳认为："元素是组成复杂物质和在分解复杂物质时最后得到的那种简单的物质。"他提出，元素是不能用化学方法再分解的简单物质。波义耳当时能批判四元素说和三要素说而提出科学的元素概念已很不简单，是化学认识上一个了不起的突破，使人们第一次明确了化学的研究对象，并使化学有可能真正发展成科学，这是化学发展史上一个划时代的转折。

二、近代化学的奠基者

波义耳把化学从自然哲学中分离出来，同数学、天文学和物理学一样确立了自己的研究领域，成为一门独立的科学。他指出：这门科学有自己的问题、有自己的任务，这一切应当用不同于医学的方法来解决。波义耳观点的重要之处在于他把化学从旧的观念中解放出来，而且把科学研究的重点从"为什么发生化学反应"转移到了"化学反应如何发生"上。波义耳根据自己的实践和对众多资料的研究，主张化学研究的目的在于认识物体的本性，因而需要进行专门的实验收集观察到的事实。这样就必须使化学摆脱从属于炼金术或医药学的地位，发展成一门专为探索自然界本质的独立科学。从化学发展历史的角度看，波义耳的研究工作为新的化学科学的诞生奠定了基础。

波义耳之所以取得如此重大成就的关键是实验。他认为，化学应当阐明化学过程和物质构造并建立新的工作方法。在《怀疑派化学家》一书中，波义耳指出了化学发展的科学途径，提出实验方法和对自然界的观察是科学思维的基础。他说："为了完成其光荣而又庄严的使命，化学必须抛弃古代传统的思辨方法，而要像物理学那样立足于严密的实验基础之上。"波义耳把很多显色反应和沉淀反应加以系统化，为分析化学奠定了基础。

波义耳把科学的新观点、新思想带进了化学，解决了 17 世纪化学界在理论上面临的紧要问题，为化学的进步开辟了道路，被誉为近代化学的奠基者。

一、课程思政要素挖掘

1. 敢于质疑与创新精神

波义耳敢于质疑当时占主导地位的传统观念，通过大量的实验和观察为化学成为一门独立科学奠定了基础。这种敢于质疑权威、勇于创新的精神对学生具有极大的激励作用。在教学中可以引导学生思考波义耳的创新之处，鼓励他们在学习和研究中敢于提出不同的观点和方法，培养创新思维。

2. 严谨的科学态度

波义耳在化学研究中非常注重实验的准确性和可重复性，以严谨的态度对待科学研究。这体现了他对真理的执着追求和高度的责任感。通过介绍波义耳的实验方法和科学态度可以培养学生严谨认真、实事求是的学习态度，让他们明白科学研究容不得半点马虎。

3. 坚持真理的勇气

在当时的社会环境下，波义耳坚持自己的科学观点，不畏压力和反对。这种坚持真理的勇气是非常可贵的品质。教育教学中可以波义耳的经历为例，引导学生在面对困难和挑战时要有坚定的信念和勇气，坚持自己认为正确的事情。

二、融入教育教学的方法

1. 案例教学

在化学课堂上引入波义耳的实验案例，如波义耳定律的发现过程等。通过分析这些案例让学生了解波义耳的科学方法和创新思维，同时挖掘其中的课程思政要素。例如，在讲解气体性质时可以介绍波义耳对气体压力和体积关系的研究，引导学生学习他的实验设计和数据分析方法，同时体会他的创新精神和严谨态度。

2. 小组讨论与分享

组织学生围绕波义耳的贡献和课程思政要素展开小组讨论，让学生分享自己的观点和体会，促进学生之间的交流和思想碰撞。例如，提出"波义耳的创新精神对我们的学习和生活有什么启示？"等问题，让学生分组讨论后进行发言，培养学生的思考能力和表达能力。

3. 实践教学

结合化学实验课程，让学生亲身体验科学实验的过程，培养他们的实践能力和科学精神。可以设计一些与波义耳实验相关的实验项目，让学生在实验中感受波义耳的科学方法和严谨态度。比如，让学生进行气体定律的验证实验，通过实际操作加深对波义耳定律的理解，同时培养学生的实验技能和科学素养。

三、教育教学效果评估

1. 学生反馈

通过问卷调查、课堂互动等方式收集学生对课程思政融入教学的反馈意见，了解学生对波义耳的认识和理解程度以及课程思政要素对他们的影响。根据学生的反馈不时调整教学方法和内容，提高教学效果。

2. 学习成果评估

从知识掌握、能力提升、情感态度等方面对学生的学习成果进行评估。可以通过考试、作业、实验报告等方式考查学生对化学知识的掌握程度和实验技能的提升情况。同时，观察学生在学习过程中的表现，比如是否具有创新思维、严谨态度和坚持真理的勇气等，评估课程思政要素的融入效果。

总之，将"波义耳把化学确立为科学"的课程思政要素融入教育教学中可以丰富化学课程的内涵，培养学生的科学精神、创新能力和正确的价值观。通过多种教学方法的运用和效果评估可以确保课程思政要素的有效融入，提高教育教学质量。

📁 **参考文献** •···

［1］林承志.化学之路——新编化学发展简史［M］.北京：科学出版社，2011.

［2］姜涛，葛春华.化学课程思政元素［M］.北京：高等教育出版社，2021.

近代大化学家故事集锦

一、纯粹化学家舍勒

卡尔·威尔海姆·舍勒（Carl Wilhelm Scheele，1742 年 12 月 19 日—1786 年 5 月 21 日），瑞典化学家、瑞典皇家科学院院士，氧气的发现人之一，18 世纪中期到 18 世纪后期欧洲一位相当出名的科学家。

1. 出色的科学发现

舍勒从小家境贫寒，自学化学并成为一名知识渊博、技术熟练的卓越药剂师和化学家。舍勒一生穷困潦倒，但他利用闲暇时间和简陋的仪器在条件恶劣的实验室做出了大量一流的化学实验研究工作，所取得的卓越研究成果和发现的各种新物质的数量史无前例。舍勒发现的新有机物和无机物不下 30 种，其中最著名的是氧和氯的发现，他的杰出贡献给化学进步带来了巨大影响。舍勒的研究涉及化学的各个分支，在无机化学、矿物化学、分析化学，甚至有机化学、生物化学等诸多方面他都做出了出色贡献。舍勒生活在错误理论燃素说盛行的时代，尽管他也是拥护燃素说的，可是在实验方面他却发现了很多新的化学事实。读书对舍勒启发很大，实验使舍勒探测到许多化学奥秘。

舍勒有充足的时间进行研究，他十分喜欢把科学研究、生产、商业活动有机地结合在一起。舍勒研究化学专心致志，他对一切问题都愿意用化学观点来解释。舍勒的好友莱茨柯斯在回忆他与舍勒的交往以及舍勒的气质时说，舍勒将自己的天赋完全用于实验科学，他有惊人的记忆力和理解力，但似乎他只会记住与化学有关的事情，他把许多事情都与化学联系起来加以说明，他有化学家的独特思考方式。舍勒在化学实验工作方面涉及非常广泛，据考证，他的实验记录有数百万字，而且在实验中他创造了许多仪器和方法，甚至还验证过许多炼金术的实验并就此提出了自己的看法。实际上，他当时在国外，特别是在法国很出名。拉瓦锡在 1774 年写的书里就用了相当大的篇幅推崇舍勒的工作，他们还互相通信。尽管如此，舍勒始终坚信燃素说而不相信拉瓦锡的氧化学说。

舍勒在生前很少发表实验结果，一直到 1892 年纪念他诞生一百五十周年的时候，才有化学史家把他的日记和书信做了详细的整理，但也没有正式发表。到 1942 年纪念舍勒诞生二百周年的时候，他的全部实验记录经过重新整理之后才正式印刷发表出来，一共有八卷之多，其中大部分是瑞典文的，也有少数德文的。在他这些日记和文件之中，最引人注意的是舍勒和大学教师约翰·戈特利布·甘恩（Johan Gottlieb Gahn，1745—1818 年，瑞典化学家、冶金学家、瑞典皇家科学院院士，第一个分离单质锰的化学家）的通信。这些信件里很明确地说明了舍勒在 18 世纪在化学实验上所具有的能力和贡献。1775 年 2 月，舍勒不到 33 岁就被选为瑞典皇家科学院院士，这对一个学徒出身的年轻人来说确实是无上的荣誉。

舍勒的第一篇科学论文是关于酒石酸的，发表于 1770 年。他分析了空气里所含氧的比例，并且多天都重复做了这样的分析。实际上，舍勒在 1778 年就知道空气里至少有两种元素。他当时没有发表，所以现在化学史书上把这项工作列在卡文迪许名下。1781 年舍勒发现了白钨矿，因为这是他首先发现的，所以化学上利用他的姓称之为 Scheelite。

舍勒一生对化学贡献极多，其中最重要的是发现了氧，他是氧气的最早发现者，并对氧气的性质做了很深入的研究。舍勒研究氧气开始于 1767 年对亚硝酸的研究。起初，他加热硝石得到一种称为"硝石的挥发物"的物质，但对这种物质的性质和成分还不清楚。于是，舍勒反复进行加热硝石的实验，发现把硝石放在坩埚中加热到通红时会放出干热的气体，遇到烟灰的粉末就会燃烧放出耀眼的光芒。这种现象引起了舍勒极大的兴趣。他在 1771 年通过加热一些与氧结合松弛的物质（比如氧化汞）制备了氧气。舍勒在 1773 年就用多种方法制得了比较纯净的氧气，这主要有：①加热氧化汞（HgO）；②加热硝石（KNO_3）；③加热高锰酸钾（$KMnO_4$）；④加热碳酸银（Ag_2CO_3）、碳酸汞（$HgCO_3$）的混合物。舍勒把这些实验结果整理成一本著作，书名叫《论空气与火的化学》，此书稿于 1775 年底送给了出版家斯威德鲁斯，但由于出版者的疏忽，一直到 1777 年才出版，书稿在出版社压了两年。而英国自然科学家约瑟夫·普利斯特列（Joseph Priestley 1733—1804 年）于 1774 年发现氧气后很快就发表了论文，时间比舍勒还早，从而使得发现氧这一殊荣为晚于他两三年制得氧气的普利斯特列所荣获。现在化学史上都认为舍勒和普利斯特列各自独立地发现了氧气。

舍勒发现氧不仅是一个伟大的科学发现，而且这一发现过程还给人们展示了一条发现者进行周密和细致研究的科学途径。幸运的是，舍勒 200 多年前对这些实验做了详尽的记录。

实验一：在一个可容纳 24 盎司（1 盎司=28.350 克）水的空瓶中，装入相当于 4 盎司水的硫肝水溶液（将硫和硫酸钾一起加热熔融而成肝脏色的物质，易吸收氧气），使瓶中剩下相当于 20 盎司水的容积的空气，用软木塞封紧瓶口，把瓶子倒置于水槽中并使瓶口置于水面之下。两周以后，在原位置取出软木塞，水会进入瓶内，瓶中剩余的空气体积相当于 14 盎司水的体积，据此可知道 6/20 的空气被硫肝吸收。

实验二：将少量白磷置于烧瓶中，封严瓶口，用火加热烧瓶，磷会熔融并燃烧，使烧瓶内充满白雾。不久，白雾消散并附着在玻璃壁上。在烧瓶冷却后把瓶口倒置于水面以下，打开瓶塞，水进入烧瓶并充至烧瓶容积的约 1/3。

实验三：将少量硫酸和黑锰矿（即二氧化锰）混合，放置于曲颈甑中用火加热，把动物膀胱紧套在曲颈甑的口上，以收集产生的气体，再把气体移至另外的玻璃容器中并点燃，就会看到耀眼的强光。舍勒称这种气体为"火空气"。

实验四：将铁粉、水和浓硫酸加入一小玻璃瓶中发生反应并产生大量的气泡（氢气），将一支玻璃细管插入软木塞，用软木塞盖住玻璃瓶口，在玻璃管的尖端处点火，出现黄色火焰。把玻璃瓶放入水槽，使火焰端的玻璃细管露出水面，用一大烧瓶倒置罩住火焰，把烧瓶瓶口沉至水面以下。这时水槽中的水位在烧杯中逐渐上升，当水位上升至烧杯容积的 1/5 时，虽然玻璃小瓶中的铁粉、水和浓硫酸混合物还冒着气泡，但是小火焰已经熄灭了。

实验五：把老鼠和苍蝇放进密封的"浊空气"里会死掉，而将蜜蜂放进密封的"火空气"里，即使过了一个星期蜜蜂还活着。

现在看来，舍勒的这种观点已经十分接近"氧气助燃"。可是在 250 多年前人类尚不清楚空气的成分，也没有发现氧气。舍勒模糊地意识到空气里面一定有什么物质可以帮助燃烧，但是他没有照着这个思路继续走下去。他的思想被盛行的燃素学说深深地禁锢着。而他的这些实验无一例外都是现代化学教科书上最基础而不可缺失的实验。在 18 世纪，舍勒的这些发现无疑是属于能震惊学术界的重大发现。

舍勒在化学上的另一个重要的贡献是发现了氯气。18 世纪后期由于冶金工业的发展，舍勒开展了对各种矿石的研究。其中有一种软锰矿，舍勒经过 3 年的研究确定它是一种新金属的氧化物，按当时的说法它是"脱燃素的新金属"，他把这种金属定名为锰。1774 年，舍勒在这种软锰矿的研究中发现并制得了氯气。软锰矿不溶于稀硫酸和稀硝酸，但能溶于盐酸，并立即冒出一种令人窒息的黄绿色气体，这种气体和加热王水时所产生的气体相像，会使人的肺极为难受。他用这种气体做了种种实验，发现它微溶于水，会使水略有酸味；具有漂白作用，能使蓝色的纸条几乎变白，又能漂白有色花朵和绿叶；还能腐蚀金属；在这种气体中的昆虫会立即死去，火也会立即熄灭。由于他虔信燃素学说，误认为这是由于"脱燃素的锰"（二氧化锰）从盐酸中夺去了燃素而产生了这种气体，因此称它为"脱燃素盐酸"而没有认为它是一种元素。

舍勒还可视为有机化学的奠基人之一，许多重要的有机化合物都是由他首先制得的。在他之前，有机化合物作为一个化学分支几乎还不存在。当时有机化学还很幼稚，在缺乏理论知识的情况下舍勒就能发现十几种有机酸。

舍勒也是最早研究光化学效应的人之一。他通过实验发现日光能使纯氯化银还原为银，还发现各种不同光线对银盐有不同的作用，为照相技术奠定了基础。

2."幸"与"不幸"

舍勒有个明显的缺点，他对实验用的东西都感到好奇，坚持要尝一点儿，包括一些难闻有毒的物质，比如汞、氢氰酸和甲腈……舍勒鲁莽的工作方法最后断送了他的性命。舍勒一生中完成了近千个实验，因吸过有毒的氯气和其他有害气体，身体受到了严重的伤害。舍勒还尝过剧毒的氢氰酸并记录下了当时的感受："这种物质气味奇特，但并不讨厌，味道微甜，使嘴发热，刺激舌头。"虽然舍勒把事业当作生命，试图一刻不停地工作下去，但是他的健康每况愈下，以致常卧病在床。1786年，年仅44岁的他被发现早逝在工作台旁，身边堆满了有毒的化学品。

毋庸置疑，舍勒是一位成就非凡的化学家。他的一生是在历尽艰辛中勤奋劳动的一生，是将研究和探索视作生命的一生。作为化学家，舍勒在无机化学界和有机化学界都有许多重大的发现，大大丰富了化学发现的历史，其中最著名的发现就是氧气。这是18世纪末到19世纪初建设化学大厦伟大事业的一块坚固基石，是一个重大事件。如果此时尚未发现氧，要建成化学的殿堂就不知还要再推迟几十年。正是由于发现了氧才能建立拉瓦锡的科学燃烧理论，确立了能量守恒定律，进而确定了定比定律、倍比定律和反应体积定律以及道尔顿的原子理论和阿伏伽德罗的分子假说等。

舍勒之所以取得如此丰硕的研究成果，除他勤奋刻苦的品质外，主要是由于他对化学科学研究的真谛有极其深刻的独到见解："化学的目标和主要业务是机巧无误地把物质分解为它们的组分，发现它们的性质，以各种不同的方式使它们化合。"然而，舍勒可能是历史上最不幸运的化学家，尽管他参与了氯、锰、钡、钼、钨、氮和氧诸多元素的发现，付出了巨大的劳动，却没有得到其中任何一种元素发现者的殊荣，而最为遗憾的就是氧的发现。从这一方面看舍勒确实是不幸的；但另一方面，相比起普通人，舍勒在家境贫寒、条件恶劣的情况下仍然能取得如此丰硕的成果并被后人所知晓，他又是幸运的。

舍勒的一生是短暂的，然而就其一生所创造的成就来说，他足以跻身世界上最优秀的化学家之列，得到世人的景仰。这是他贡献一生的理想、幸福和健康等一切所应该得到的褒奖。舍勒说："（化学）这种尊贵的学问乃是奋斗的目标。"对舍勒来说，得到世人的褒奖并不是他的目标，只有研究和探索才是他唯一的生命。"舍勒是除了化学研究之外再没有任何余念的纯而又纯的化学家，"英国化学史家索普说："专心一意地为真理而追求真理，这是他至高无上的生活目的，也是他信仰的最高表现形式。"舍勒说："我所追求的只有真理，而且再也没有什么能比追求到真理更为高兴的了，我的心因欢乐而激动不已。"

舍勒的许多实验在今天并不难做，可是在200多年前能够发现那么多化学成果是很不容易的。他以其毕生的经历向世界表明："无论是在很小的城镇里，或是在小小的药房实验室里，都可以做出伟大发现。"因此，虽然只活了44岁，但舍勒对化学的贡献却是永远令人怀念的。为了纪念舍勒，人们在斯德哥尔摩和柯平镇都为他竖立了雕像。在舍勒的墓前有一块方形墓碑，墓碑上雕刻着一位健美的男子高举着燃烧的火炬。

二、科学"怪人"卡文迪许

亨利·卡文迪许（Henry Cavendish，1731 年 10 月 10 日—1810 年 2 月 24 日），英国物理学家、化学家。他首次对氢气的性质进行了细致的研究，证明了水并非单质，预言了空气中稀有/惰性气体的存在，精确测量了地球的密度，被认为是继牛顿之后英国最伟大的科学家之一。

1. "怪人"的科学成就

卡文迪许出生于法国尼斯一个贵族家庭，在他 50 多岁时获得父亲和姑母的遗产而一举成为百万富翁，从而支撑了卡文迪许毕生对科学研究的兴趣和投入，他用这笔钱建立了一个大型公用图书馆和一座规模宏大的私人实验室。他曾被英国科学史家誉为"有学问的人中最富有、富有的人中最有学问的人"。1874 年，英国剑桥大学为纪念卡文迪许建成一座大型物理实验室并命名为"卡文迪许"实验室，这个著名的实验室先后培养出 26 名诺贝尔奖获得者和众多享誉世界的科学人才，因而被誉为"培养人才的苗圃""物理学家的科学殿堂"。

卡文迪许的母亲在其两岁时逝世，长期缺乏母爱的他养成了胆怯和不爱交际的性格。他毕生致力于科学研究，从事实验研究达 50 年之久，性格孤僻、不好交际、不善言谈，很少与外界来往；终身未婚，过着奇特的隐居生活，不愿接近女性，对其女仆也不例外，每天通过便条与女仆交流；他离群索居，不善社交，反感来访者的闲聊，奉陪客人时常两眼盯着天花板思考实验遇到的问题，常使客人扫兴而归。卡文迪许曾面对奉承自己的奥地利科学家手足无措，尴尬退场，但他对青年学者却十分关爱，比如会赠送价格高昂的铂（白金）供戴维实验用，百忙之中也会抽空到场参观其实验，尽显长者风范。卡文迪许可算是一位活到老、干到老的学者，直到 79 岁高龄逝世前夜还在做实验。他淡泊名利、默默无闻，科研成果丰硕，但发表论文极少，去世时留下 20 捆笔记。1879 年，麦克斯韦花费长达 5 年的时间整理其资料、实验记录和文稿，出版了《亨利·卡文迪许的电学研究》，这才让世人知道其丰功伟绩。

卡文迪许科学兴趣广泛，富于创造，一生在自己的实验室和图书馆中工作度过，在化学、物理等诸多领域取得了卓越的成就。他在热学理论、计温学、气象学、大地磁学等方面都有研究，最让人称道的是他在年近古稀时完成了测量万有引力常量的扭秤实验，用卡文迪许实验方法测量了地球的密度和质量，成为"称量地球第一人"。同时最先测定盐溶液的电导率，发现了电力平方反比律；证明中空导体内部没有电荷；认为热存在于物体粒子的内部运动中。

2. 卓越的化学贡献

卡文迪许在化学方面的卓越贡献在于对气体的研究。在卡文迪许漫长的一生中，他取得了一系列化学研究的重大发现，其中他是分离氢的第一人，把氢和氧化合成水的第一人。他最早认识到氢是一种独立物质，同时还对二氧化碳做了出色的实验研究。1766年，卡文迪许发表了第一篇化学论文——《论人工空气》，在当中提出多种气体收集方法，比如排水集气法、排气集气法及利用虹吸管等，为发现和研究各类气体提供了技术前提；同时介绍了对固定空气（即二氧化碳）、易燃空气（即氢气）的实验研究。同年，卡文迪许在实验中发现：一定量的某种金属与定量的各种酸作用能产生一种易燃、与空气混合后点燃会发生爆炸的气体，拉瓦锡将其命名为氢气。随后卡文迪许测定了它的密度，研究了它的性质，用实验证明它燃烧后会生成水。继续研究氢气和氧气反应时的体积比，得出了 2.02∶1 的结论。但他曾把发现的氢气误认为燃素，不能不说真是一大憾事！普利斯特列此前将这种气体和空气的混合物用点火花引爆，发现容器壁会有一层湿气，但他忽略了这一现象，卡文迪许在仔细地重复了同一实验后断定这层湿气的主要成分是水。但由于二者是燃素论的虔诚信徒，都认为这种气体是燃素和水的化合物或是含有过多燃素的水，并坚持认为水是一种元素。1766—1781年，卡文迪许关于空气的实验是后来发现水是化合物而不是元素的先声。直到1782年拉瓦锡重复他俩的实验后才得出正确结论：水不是一种元素，而是化合物。1781年，卡文迪许发现了测量空气"好坏"的办法，将空气与氧化氮在水面上混合，经过几百次的实验和分析测定得出空气中"脱燃素空气（氧）"的体积分数为20.833%，"燃素化空气（氮）"的体积分数为79.167%，这与氧占空气体积的20.95%的现代数值非常接近。同时，他注意到空气中除以上两种气体外还有少量残余物，大约占1/120，无法与氧气反应生成化合物被氢氧化钠吸收，这为一个多世纪后稀有气体的发现奠定了基础。一直到 1894 年瑞利和拉姆齐发现稀有气体氩，才证实了卡文迪许的推测。在 1785 年发表的论文中，卡文迪许提出一种由空气制取硝酸的方法：在电火花爆燃的高温条件下将氧气和氮气化合；但氢气和普通空气混合爆燃时则会因温度达不到反应所需，从而无法生成硝酸。

在拉瓦锡提出氧化学说后，卡文迪许赞成氧化学说的简洁，认为这有利于化学的发展，但也不愿轻易放弃自己一直采用的燃素说，随后他将自己的研究重心转向了物理学领域。

历史上许多著名的科学家都有其鲜明的个性，但卡文迪许在学术上的巨大成就和性格上的与众不同使其成为科学史上闻名的科学"怪人"，他那献身科学的一生给后人留下了深刻而完美的印象。

三、拉瓦锡与近代化学革命

安托万-洛朗·德·拉瓦锡（Antoine-Laurent de Lavoisier，1743 年 8 月 26 日—

1794 年 5 月 8 日），法国贵族，著名化学家、生物学家，被后世尊称为"近代化学之父"。拉瓦锡的划时代贡献促使 18 世纪的化学更加物理及数学化，他提出的质量守恒定律被誉为革命性的科学理念，使得他成为历史上最伟大的化学家之一。拉瓦锡之于化学，犹如牛顿之于物理学。

距今二百多年前，人类社会至少爆发了两场意义深远的革命。一是于 1789 年 7月 14 日爆发的法国大革命，摧毁了法国波旁王朝及其统治下的封建君主制度，建立了法兰西第一共和国；把国王路易十六和王后玛丽·安托瓦内特先后送上断头台，发布了《人权和公民权宣言》，震撼了欧洲的封建制度。二是近代化学科学革命，在自然科学领域爆发的这场革命被后人誉为 18 世纪科学发展史上最辉煌的成就之一，统治化学界长达百年之久的"燃素学说"被彻底地推翻了，代之以氧为核心的燃烧理论；化学物质命名混乱的状况结束了，代之以科学系统的命名原则，质量守恒定律同时被发现。在这两场社会革命中都闪耀着一个伟大化学家的名字——安托万-洛朗·德·拉瓦锡。

拉瓦锡出生在法国巴黎一个富有的律师家庭。家人想要他当律师，但他本人却对自然科学更感兴趣。1768 年，年仅 25 岁的拉瓦锡成为法兰西科学院院士。1794年拉瓦锡被送上了断头台处死，一位伟大化学家却以悲剧结束了他的一生。拉瓦锡之死和他的包税官身份有着直接的关系。包税官在法国大革命时代是横征暴敛的代名词，拉瓦锡的这一身份自然激起了激进群众的愤怒并使他成为宿敌们攻击的靶子。拉瓦锡不是因为科学研究被送上了断头台，不像布鲁诺因为捍卫日心说被教会烧死，他是因为法国大革命之后的混乱、包税官身份和来自宿敌的迫害而使名誉受到玷污甚至赔上性命，当时科学界的很多人对此深感惋惜。

1. 创立燃烧氧化学说

在拉瓦锡的化学研究生涯中，他没有发现过新物质，没有设计出真正意义上的新仪器，也没有改进过制备方法。他本质上是一个化学理论家，他的伟大功绩在于能够把别人完成的实验工作承接过来并用他自己的定量实验加以补充加强，然后通过严格的合乎逻辑的思辨性思维步骤阐明所得实验结果的正确解释。拉瓦锡重新审视其他化学家的发现，并赋予这些发现新的意义；他彻底放弃了燃素学说和有害气体理论，确定了氢和氧的性质，并且给这两个元素起了至今都在使用的名字。简而言之，拉瓦锡为化学的严格化、明晰化和条理化出了力，这正是他的伟大之处。

在科学史上，拉瓦锡最伟大的成就是将化学从定性研究转向定量研究，他从实验的角度验证并总结了质量守恒定律。拉瓦锡用实验有力地否定了德国人贝歇尔及其学生施塔尔倡导的燃素学说。他在封闭的曲颈瓶中进行了金属锡的燃烧实验，发现反应前后质量未发生变化，然而当打开瓶塞时有空气冲入瓶中并使反应瓶质量增加。拉瓦锡从这一比前人多了一个瓶塞的实验中得出了一个重要的结论：质量守恒，即反应过程中参与反应的物质既不会减少也不会增加。换句话说，若把反应产物（包括气体、液体及固体）加起来称量，其质量一定和反应物的总质量一样。这个结论促成了"质量守恒定律"的诞生，同时也对空气有了新的认识：空气不是一个化学元素，而是一个混合物，其中一部分在燃烧中与金属结合，这才有了燃烧后质量增加的结果。

当时，学界对"燃烧"这一现象应当如何解释始终存在争议。面对这种情形，拉瓦锡既不盲从也不偏执，他于 1772 年秋天开始研究硫、锡和铅在空气中的燃烧现象。为了测定这些物质在燃烧时空气是否参与反应，他设计了钟罩实验和氧化汞加热实验并最终得出结论：燃烧是可燃物与空气中的一种气体相结合的过程。1777 年拉瓦锡将参与燃烧反应的气体命名为 oxygen（氧）、azote（现 nitrogen，氮）。同年 9 月 5 日，拉瓦锡向法兰西科学院提交了在化学史上具有划时代意义的实验报告——《燃烧概论》，系统地阐述了燃烧的氧化学说，从而彻底地推翻了燃素学说。这是人类第一次真正地理解"燃烧"，化学自此永远切断了与古代金丹术的联系，科学实验和定量研究成为化学研究的主要方式。化学由此进入定量化学（近代化学）时代。

2. 其他化学成就

拉瓦锡的成就还包括化学的标准命名法。1787 年 9 月，拉瓦锡等人出版了《化学命名法》，这本书成为统一元素名称的"圣经"。拉瓦锡列出了一长串"不分解的物质"，并用这些物质来表示每一种化合物的组成，尽管他当时没有使用"元素"一词，但他在两年以后的其他教科书中采用了它。这样的命名方法达到了通过一种物质的名称来表达其化学本性的目的，从此整个化学命名法完全改观了。这个命名体系后来扩充为现代化学命名体系，并且其中绝大多数名词一直沿用至今。

拉瓦锡在近代科学史上留下了浓墨重彩的一笔，其取得的无与伦比的成就促使其成为近代化学奠基人之一。他在 51 年的生命里，不论是对生石膏与熟石膏之间的转变关系的研究，还是对燃烧现象的研究，或是对化学命名和化学元素的研究，始终坚持着对科学与真理的追求。尤其是在研究燃烧现象时，在顶着当时颇受学界认可的燃素学说的巨大压力下彻底推翻了燃素学说。虽然在当代，拉瓦锡的质量守恒定律、燃烧学说等理论只是中学生课本中的基本知识，但是在 200 年前这些理论均是石破天惊之举。

拉瓦锡的划时代科学成就是由于他坚持了唯物主义观点，尊重实验，能透过现象看到问题的实质，并不为旧的传统观念所束缚而取得的。这也是将他的一系列工作称为化学革命的原因所在。

四、发现元素最多的科学家戴维

汉弗莱·戴维（Humphry Davy，1778 年 12 月 17 日—1829 年 5 月 29 日），英国化学家、发明家，电化学的开拓者之一，煤矿安全灯的发明者。他发现了钠、钾、钡、镁、钙、锶等元素，被认为是发现元素最多的科学家；在化学上他的最大贡献是开辟了用电解法制取金属元素的新途径，即用伏打电池来研究电的化学效应；发现了笑气（氧化亚氮、一氧化二氮）的麻醉作用。

1. 发现最多元素

戴维出生在英国一个贫民家庭里，17岁开始自修化学，1799年他发现笑气的麻醉作用后开始引起人们关注。戴维来到克利夫顿以后的第一项成就就是制出了一氧化二氮并研究了它的特性，得到一个结论：这种气体对人体毫无危害。这彻底否定了美国科学家塞缪尔、米切尔的观点。米切尔一直认为一氧化二氮吸入身体会患严重疾病。戴维却发现它可以使人产生快感，又有止痛麻醉作用，可以用于外科手术。

戴维到达伦敦不久后就把主要精力集中在农业化学的研究上。后来他在这方面取得了一定成就。除了农业化学，戴维还继续研究了电的化学作用，并写出了《关于电的某些化学作用》一书。当他以这份材料在皇家学会作了报告以后，闻所未闻的消息传出来了——电在化学中会发生作用！戴维是一位伟大的发明家。他以自己的成就赢得了更高的声望。随之戴维又在实验中发现了两种新的金属。他发现，新的金属钾和钠非常活泼，反应能力极强。在利用多种方法多次反复的实验中，戴维不幸受伤，脸上的伤口结疤后，一只受伤的眼睛却失明了。损失是惨重的，但他已经证实，从苏打和碳酸钾中可以提取两种不同的金属钾和钠。这两种金属都是柔软的，比水轻，能同水发生激烈的反应，并产生火焰。

戴维在《化学的哲学基础》一书中提出，氧化盐酸（即氯气）不是化合物，而是一种单质，像氧气一样能够助燃。因此在非氧条件下也可以燃烧；而且氧化盐酸并不含氧，说明无氧酸也可以存在。这里他修正了拉瓦锡的两个错误：一是并非有氧气才可燃烧；二是酸不一定必须含氧。1812年戴维又完成了《农业化学基础》一书，这本书后来竟再版4次。1812年4月8日，戴维获得了英国最高奖赏即勋爵贵族称号。1815年，戴维发明了在矿业中检测易燃气体的煤矿安全灯——"戴维灯"，造福于矿下工作者。由于发明设计了这种安全矿灯，戴维获得了朗福德（Rumford）勋章。1820年，戴维当选英国皇家学会主席。1826年12月20日，他当选圣彼得堡科学院名誉院士。

戴维的研究虽然涉及各个方面，但他一直没有放松对电的研究，因此戴维几乎一生都在不间断地、锲而不舍地探索电的秘密。戴维有一个专门研究电现象的实验室，里面有各种各样的计量仪器、测量物体导电性能的特殊器皿和其他仪器。戴维成功地制出了金属钾和钠，还提取了汞，又制出了钡、镁、锶等金属物质与硅；用强还原性的钾制取了硼；对气体也进行了深入的研究；发现了有麻醉性、刺激性的"笑气"——氧化亚氮，这种物质对外科学的发展很有用。通过一系列精心设计的实验，戴维确认氯是一种化学元素，盐酸中不含氧，提出氢才是一切酸类不可缺少的元素，而不是氧，修正了拉瓦锡"酸里必须含氧"的观点。经过一段时间的检验，人们接受了戴维的观点，酸的氢元素说取代了错误的酸氧元素说。从此，人们对酸的本质有了正确的认识。戴维在研究硼酸、硝石、金刚石和在发现碘元素、发明弧光灯等许多方面也做出了出色的成绩。这所有的功绩都是他用毕生心血换来的。

2. 最大发现——法拉第

举世闻名的伟大化学家戴维发现了迈克尔·法拉第（M. Faraday，1791—1867年）的才能并将这位铁匠之子、小书店的装订工招收到大研究机关皇家学院做他的助手。戴维具有伯乐的慧眼，这已被人们作为科学史上的光辉范例争相传颂。戴维自己也为发现了法拉第这位科学巨擘而自豪。如果没有戴维，法拉第的日记就不会那样显赫，近代电学发展的历史就要重写。戴维的功绩是伟大的、不可磨灭的，戴维的伯乐精神至今仍是科学界乃至各界的楷模。然而，戴维这位伟大的人物留给我们的不仅有经验，还有他的教训——嫉妒的恶行。戴维获爵士称号以后开始追求和自己身份相符的财产，走上了爱慕虚荣的道路。他争强好胜，凡事都要争第一；戴维在晚年曾因嫉妒法拉第的成就而多次、多年压制过他。可是，戴维临终前在医院养病期间，一位朋友去看他，问起他一生中最伟大的发现是什么；戴维绝口未提自己发现的众多化学元素中的任何一个，却说："我最大的发现是一个人——法拉第！"

五、道尔顿和他的原子学说

约翰·道尔顿（John Dalton，1766年9月6日—1844年7月27日），英国化学家、物理学家，近代原子理论的提出者，提出了道尔顿分压定律，研究了色盲症。

1. 由分压定律到原子学说

道尔顿出生于英国西部的一个农村，他的父亲是一位兼种一点薄地的贫困手织工。他幼年时家贫无钱上学，加上又是一个红绿色盲患者，生活艰辛，但他以惊人的毅力自学成才，终生未娶。道尔顿于1816年被选为法国科学院通讯院士；1822年被选为皇家学会会员；1826年，英国政府将英国皇家学会的第一枚金质奖章授予了道尔顿。

道尔顿从1787年开始从事业余气象研究工作，不间断地坚持气象观测记录，直至生命的最后一天，共积累了20万个数据。他第一个确认雨的形成不是由于大气压强的变化，而是由于气温的降低。道尔顿对科学上的许多疑难问题都做过探讨，涉及气压计、温度计、湿度计、大气水分的蒸发和分布、雨和云的形成以及露点等。道尔顿最杰出的成就是创立了原子论，提出了原子量的概念并制成了最早的化学原子量表。

在长年的气象观测实践中，道尔顿逐渐产生了对空气组成的研究兴趣。一个问题在他的脑海里萦绕：复杂的大气是怎样由几种气体混合成均匀的气体呢？这个问题在今天看来再简单不过，可在当时却使道尔顿绞尽脑汁。他做过很多解释，但都觉得不满意和缺乏根据。1801年，道尔顿在关于水蒸气气压的研究中注意到：在干燥的空气中加入水蒸气，气压会按照水蒸气气压的增加而增大，即混合物中水蒸气气压与没有其他气体存在时是一样的。于是，他认为混合气体是一种气体扩散到另一种气体而形成的，由此推出了著名的分压定律。这一发现使道尔顿向化学原子学说迈近了一大步。

1801年，道尔顿在一次讲话中把他的伟大学说的产生归诸试图对分压定律的解释。为了能合理解释混合气体扩散的原因和分压定律，道尔顿于1802年提出假设"一种弹性流体的质点对另一种气体质点来说是非弹性的或非排斥的，而仅对相同的质点才是弹性的或排斥的。因此，当容器内有两种弹性流体时，每一种都独立地以其自身特有的排斥作用于容器，就像另一种气体不存在一样，而在两种流体之间看不到相互作用"。这样，扩散原因和分压定律就得到了很好的合理解释。显然，其中所说的质点就是原子。此后，他开始测定各种原子的相对大小和质量以及不同气体原子化合成复杂原子的组成。他在测定过程中主观、武断地提出了组成物质的"最简单规则"。根据这一规则，他以氢原子量为1作基准，利用已掌握的最好的分析结果进行了原子量的估算。于是，他的原子学说便形成了。道尔顿的研究成果大多数都收集在他的经典著作《化学哲学新体系》中。

1803年10月21日，道尔顿在曼彻斯特的"文哲学会"上第一次公布了他的原子学说，其要点如下：①化学元素由非常微小的、不可再分的物质粒子原子组成，原子在所有化学变化中均保持自己的独特性质；②同一元素的所有原子，各方面性质（特别是重量）都完全相同，不同元素的原子重量不同，原子的重量是每一个元素的特征性质；③有简单数值比的元素的原子相结合时就会发生化合，例如1原子A+1原子B、1原子A+2原子B、2原子A+1原子B、2原子A+3原子B等等，都是简单的数值比。

原子学说的上述要点十分简明地解释了当时已建立的一系列化学定量定律，为化学现象建立了统一的理论，特别是原子量概念的建立，巧妙地使在当时技术下无法实现的原子质量测定问题得到了解决，实现了原子质量表示的简洁，因此很快为化学界所接受和重视。这一学说提出的测定原子量的任务就成为其后几十年间化学研究工作者普遍开展的一项化学实验项目，为后来元素周期律的发现开拓了道路。道尔顿的卓越贡献在于他的原子学说指导化学科学走出了看不出化学现象之间的联系、局限于描述自然现象的迷谷，从此化学科学走进了理性发展的新时代。就此而言，原子学说对化学发展的意义，无论从广度还是深度都大大超过了燃烧中的氧。正如恩格斯所说："化学中的新时代是随着原子论开始的。"

2. 道尔顿的缺憾

由于道尔顿的原子学说没有建立分子概念，所以近代化学之父不是道尔顿，而是拉瓦锡。由于道尔顿忽视了原子与分子的区别且十分武断地提出了组成物质的"最简单规则"，所以在讨论双原子分子气体的化学反应定量关系时出现了理论和实验结果之间难以调和的矛盾，于是引起了现代化学发展历程中的一场争论。这场争论的最终结果产生了分子学说，从而使道尔顿的原子学说进一步发展完善为一直延续到20世纪的原子-分子论。

除了奠定了化学发展基础的原子论，道尔顿还在其他方面做出了重要贡献：他是第一个提出"酸"和"碱"概念的人，这对化学的发展有着重要的影响；他还发现了气体的最小体积定律，这是气体动力学的基础。但是晚年的道尔顿思想趋于僵化，他拒绝接受盖-吕萨克的气体化合体积定律，坚持采用自己的原子量数值而不接受已经被精确测量的数据；反对永斯·贝采利乌斯提出的简单化学符号系统。

为纪念道尔顿，现在他的胸像被安放于曼彻斯特市政厅入口处；很多人使用道尔顿作为原子量的单位。

六、第一位诺贝尔化学奖获得者范特霍夫

雅各布斯·亨里克斯·范特霍夫（Jacobus Henricus van't Hoff，1852 年 8 月 30 日—1911 年 3 月 11 日），荷兰化学家，立体化学和物理化学的开创者。由于发现了溶液中的化学动力学法则和溶液渗透压规律以及对立体化学和化学平衡理论做出的贡献，他在 1901 年成为第一位诺贝尔化学奖获得者。

1. 把化学研究作为终身职业

范特霍夫出生于荷兰鹿特丹市，父亲是当地名医。他从小聪明过人，酷爱化学，上中学时范特霍夫的实验兴趣就表现出来了，曾潜入学校实验室偷做化学实验而被老师逮住，幸好该老师没有报告校长而只告诉了他父亲，但父亲也没有过多责备，而是让出了自己的一间医疗室给儿子，从此范特霍夫开始经营起自己的小实验室。

范特霍夫是一个有着坚韧不拔之志、能沿着自己选定的道路坚持不懈走下去的人。1869 年，范特霍夫中学毕业。他深爱着化学，很想把化学研究作为自己的终身职业。当时，荷兰普遍存在着轻视化学的偏见，父亲很反对范特霍夫学习化学，只是为了让范特霍夫多增加一些知识才支持他做化学实验的，如果要把化学研究作为一种职业，父亲就难以接受了。因为当时选择化学研究作为职业是要冒风险的，从事化学研究的人还要兼做其他工作才能够维持生活，毕竟活下去在哪个时代都是一条铁的定律啊！父子俩围绕这个问题争辩了多次，但都没有结果。父亲最终还是没有让范特霍夫选择化学，他最终还是听从了父亲的意见，在德尔夫特高等工艺学校学习工业技术。讲授化学课的化学家 A. C. 奥德曼斯是一位很有水平的教授，他推理清晰、论述有序，很能激发起学生们对化学的兴趣。范特霍夫以优异成绩博得了奥德曼斯教授的器重并在他的指导下坚持学习化学，一点也没有放松，两年就学完了规定三年学习的内容，这更增强了范特霍夫毕生从事化学研究的信心和决心。

1871 年，由于具备了谋生的必备本领，范特霍夫终于说服父母，开始了化学研究生涯。1872 年，范特霍夫在莱顿大学毕业后为了在化学上得到深造，他先后到德国柏林拜当时世界著名的德国有机化学家弗里德里希·奥古斯特·凯库勒（Friedrich August Kekul，1829 年 9 月 7 日—1896 年 7 月 18 日）为师，在有机化学方面受到了良好的训练，打下了扎实的基础。次年凯库勒又推荐他去法国巴黎医学院武尔茨

实验室。在著名化学家查尔斯-阿道夫·武尔茨的指导下，范特霍夫与他的法国好友勒·贝尔同窗深造，一起学习、互相探讨，此后他们双双成为新立体化学学科的创立者。

2. 首创"不对称碳原子"概念和碳正四面体构型假说

拓展链接 •···

苯环结构的诞生

1825 年，英国物理学家和化学家法拉第将贮装在压缩煤气桶中的残留凝聚油状液体加以蒸馏，分离出一种碳氢化合物，经实验分析确定其实验式（最简式）为 CH（当时原子量采用 H=1、C=6），测定其相对于氢的相对密度为 39。1834 年，德国化学家米希尔里希干馏安息香酸和石灰时得到同一物质，将其命名为苯，日拉尔等将其分子式写为 C_6H_6，但苯的结构究竟如何，这让化学家们百思不得其解。同其他化学家一样，凯库勒集中精力研究苯及其衍生物。凯库勒早年受到建筑师的训练，形象思维能力较强，善于运用模型将化学物质的性能与结构联系起来。开始研究苯的结构后，他的脑海始终被苯的 6 个碳原子和 6 个氢原子填满，在黑板上、地板上、笔记本上画着苯可能的结构式，前后否定了几十种可能的排法。1864 年初冬的一天，凯库勒在睡梦中看到碳原子的长链像蛇一样盘绕卷曲，忽见它"抓住自己的尾巴，这幅图像在我的眼前嘲弄般地旋转不已"，凯库勒说，他从蛇的首尾相接联想到苯的结构可能是一个环。在讲述完这段有趣的梦境后，凯库勒还幽默地写道："先生们，让我们学会做梦吧！"至此，凯库勒终于满意地写出苯的结构式，含有封闭碳原子环的芳香族化合物不同于具有开链结构的脂肪族化合物，其直观结构图像能用于解释芳香族化合物的各种性质。1866 年，凯库勒画出与现代结构式完全等价的单双键交替相连的空间模型。苯环结构的诞生是有机化学发展史上的一块里程碑，凯库勒以其非凡的想象力和创造力写下了有机化学发展史上光辉的一页。

范特霍夫对化学实验的狂热保持了一辈子。他把化学当成自己理想的栖居地，他的双脚永远为自己的理想而奔走，有时虽有背离，但最终会回到这条道路上。这位一生痴迷实验的化学巨匠不仅在化学反应速度、化学平衡和渗透压方面取得了骄人的研究成果，而且开创了以有机化合物为研究对象的立体化学。过去的有机结构理论认为有机分子中的原子都处在同一个平面内，但这一理论与很多现象是矛盾的，使很多现象都无法得到合理的解释。范特霍夫通过多次精心的实验首先提出了碳的四面体结构学说，与旧的有机结构理论相抗衡。以后的事实证明，范特霍夫的理论是正确的，他的分子立体结构理论纠正了过去的错误，使人类对物质结构的认识向前跨了一大步。

1874 年的一天，他在荷兰乌得勒支大学图书馆认真地阅读着德国有机化学家约翰尼斯·威利森努斯研究乳酸的一篇论文。他一直盯着乳酸的结构式，突然想到：如果将乳酸中心碳原子上的四个取代基都换成氢的话，那它就变成了甲烷，但甲烷的四个氢和碳原子都排在一个平面上，情况会怎样呢？范特霍夫知道自然界中一切都趋于能量最小的状态，只有当甲烷的四个氢原子均匀分布在碳原子周围的空间时才能达到，那就应该是正四面体。而当甲烷的四个氢换成四个不同的取代基时，它在空间中就有两种不同的排列方式，它们互为镜像。范特霍夫终于发现了物质产生旋光异构的秘密所在，一门崭新的化学分支——立体化学就这样诞生了。此时范特霍夫年仅 22 岁。两个月之后，他的同窗好友勒·贝尔也独立提出了碳的正四面体构型学说。

范特霍夫认为，在已经建立起来的经典有机结构理论中，由于人们还不了解原子所处的实际位置，所以原有的化学结构式不能反映出某些有机化合物的异构现象。他根据自己的研究于 1875 年发表了《空间化学》一文，首次提出了"不对称碳原子"新概念。不对称碳原子的存在使酒石酸分子产生右旋酒石酸和左旋酒石酸两个变体，二者混合后可得到光学上不活泼的外消旋酒石酸。范特霍夫用他所提出的"正四面体模型"解释了这些旋光现象。范特霍夫关于分子空间立体结构的假说不仅能够解释旋光异构现象，而且还能解释诸如顺丁烯二酸和反丁烯二酸等另一类非旋光异构现象。

范特霍夫首创的"不对称碳原子"概念以及碳的正四面体构型假说（有时又称为范特霍夫-勒·贝尔模型）的建立在化学界引起了巨大反响，尽管学术界对其褒贬不一，但往后的实践却证明，这个假说成为立体化学诞生的标志。

七、门捷列夫及其元素周期律

德米特里·伊万诺维奇·门捷列夫（Dmitri Ivanovich Mendeleev，1834 年 2 月 7 日—1907 年 2 月 2 日），俄国著名化学家。门捷列夫对化学这一学科发展的最大贡献在于发现了化学元素周期律。他在批判地继承前人工作的基础上，对大量实验事实进行了订正、分析和概括，总结出这样一条规律：元素（以及由它所形成的单质和化合物）的性质随着原子量的递增而呈周期性的变化，即元素周期律。他根据元素周期律编制了第一张元素周期表，把已经发现的 63 种元素全部列入表里，从而初步完成了使元素系统化的任务，并据以预见了一些尚未发现的元素。由于门捷列夫的不朽功绩，人造核变新元素钔（mendelevium，Md）就是以他的名字来命名的。恩格斯在《自然辩证法》一书中曾经指出："门捷列夫不自觉地应用黑格尔的量转化为质的规律完成了科学上的一个勋业，这个勋业可以和勒维烈计算尚未知道的行星海王星的轨道的勋业居于同等地位。"

1. 艰难发现元素周期律

1850 年，门捷列夫进入中央师范学院学习，在大学一年级就迷上了化学，决心要成为一个化学家，为人类的利益而获得简单、价廉和"到处都有"的物质。1860 年，门捷列夫参加了在德国卡尔斯鲁厄召开的国际化学家代表大会，这对他形成元素周期律的思想产生了很大的影响。

攀登科学的高峰是一条艰苦而又曲折的路，门捷列夫在这条路上也是吃尽了苦头。1861 年，门捷列夫回到圣彼得堡，继续化学教授工作。虽然教学工作非常繁忙，但他继续着科学研究。门捷列夫开始编写一本内容很丰富的著作《化学原理》。他遇到一个难题：用一种怎样的合乎逻辑的方式来组织当时已知的 63 种元素。年轻学者门捷列夫也毫无畏惧地冲进了这个领域，开始了艰难的探索工作。人类关于元素问题的长期实践和认识活动为他提供了丰富的材料。门捷列夫每搜集一个已知元素的性质资料和有关数据，就会把前人在实践中所得成果都收集在一起。他在研究前人所得成果的基础上，发现一些元素除了有特性之外还有共性。门捷列夫准备了许多扑克牌一样的卡片，将 63 种化学元素的名称及其原子量、氧化物、物理性质、化学性质等分别写在一张小纸卡片上。他用不同的方法去摆弄那些卡片，用以进行元素分类试验。门捷列夫不分昼夜地研究着，探求元素的化学特性和它们的一般的原子特性，企图在元素全部的复杂特性里捕捉元素的共同性。但他的研究一次又一次地失败了，可他不屈服、不灰心，坚持干下去。

1869 年 3 月 1 日，门捷列夫仍然在对着这些卡片苦苦思索。他先把常见的元素族按照原子量递增的顺序拼在一起，之后是那些不常见的元素，最后只剩下稀土元素没有全部"入座"，门捷列夫无奈地将它们放在边上。从头至尾看了一遍排出的"牌阵"，门捷列夫惊喜地发现，所有的已知元素都已按原子量递增的顺序排列起来，并且相似元素按照一定的间隔出现。第二天，门捷列夫将得出的结果制成了一张表，这就是人类历史上第一张化学元素周期表，此表中周期是横行、族是纵行。他在表中大胆地为尚待发现的元素留出了位置，并且在其关于周期表的发现论文中指出：按照原子量由小到大的顺序排列各种元素，在原子量跳跃过大的地方会有新元素被发现，因此周期律可以预言尚待发现的元素。

1871 年 12 月，门捷列夫在第一张元素周期表的基础上进行完善并发表了第二张表，在该表中改竖排为横排，使一族元素处于同一竖行中，更突出了元素性质的周期性。至此，化学元素周期律的发现工作已圆满完成，他把化学元素从杂乱无章的迷宫中分门别类地理出了一个头绪。

2. 元素周期律的启示

门捷列夫具有很大的勇气和信心，不怕名家指责，不怕嘲讽，勇于实践，敢于宣传自己的观点。他还在元素周期表中留下空位，预言了类似硼、铝、硅的未知元素（门捷列夫称之为类硼、类铝和类硅，即以后发现的钪、镓、锗）的性质，并指出当时测定的某些元素原子量的数值有错误。而他在周期表中也没有机械地完全按照原子量数值的顺序排列。若干年后，他的预言都得到了证实。

门捷列夫工作的成功引起了科学界的震动。为了纪念他的功绩，化学界就把元素周期律和元素周期表称为门捷列夫元素周期律和门捷列夫元素周期表。当然，由于时代的局限性，门捷列夫的元素周期律并不是完美无缺的。经过后人的不断完善和发展，化学元素周期律在人们认识自然、改造自然、征服自然的斗争中发挥着越来越大的作用，为元素研究、新元素探索以及新物质、新材料的寻找提供了一个可遵循的规律。元素周期率的发现成为化学系统化过程中的一个重要里程碑。

有人将门捷列夫对元素周期律的发现看得很简单，轻松地说他是用玩扑克牌的方法得到这一伟大发现的。门捷列夫却认真地回答说："从我立志从事这项探索工作起，一直花了大约 20 年的工夫，才终于在 1869 年发表了元素周期律。"

门捷列夫没能获得诺贝尔化学奖应该是 120 多年诺贝尔授奖史上最令人震惊和遗憾的事情之一。据诺贝尔奖档案记载，诺贝尔奖评选委员会本已打算将 1906 年化学奖颁给这位大师，但最终他以一票之差与诺贝尔化学奖失之交臂。

八、以精确著称的瑞利

瑞利，原名约翰·威廉·斯特拉特（John William Strutt，1842 年 11 月 12 日—1919 年 6 月 30 日），英国著名物理学家，1904 年第四届诺贝尔物理学奖得主，是 19 世纪末达到经典物理学巅峰的少数学者之一，在众多学科中都有成果，其中尤以光学中的瑞利散射和瑞利判据、物性学中的气体密度测量等方面影响最为深远。因其祖父被英国皇室封为瑞利男爵（Baron Rayleigh），他是第三世，故称瑞利男爵三世（Third Baron Rayleigh）。由于瑞利声望比较高，又特称他为 Lord Rayleigh（瑞利勋爵），所以科学史上不称他为斯特拉特，而称为瑞利。

1. 不放过微小实验误差

1865 年，瑞利剑桥大学毕业后留校任教职，1879 年继任剑桥大学卡文迪许实验室主任职位。瑞利是注重严格定量研究的科学家之一，他的工作作风极为严谨，对研究结果要求极为准确，这一点成为他在科学上做出杰出贡献的重要基础。出身名望贵族的瑞利以严谨、广博、精深著称，并善于用简单的设备做实验而能获得十分精确的数据。气体密度测量本来是实验室中的一件常规工作，但是瑞利不放过常人不当回事的实验差异，终于做出了惊人的重大发现——1892 年从密度测量中发现了第一个惰性/稀有气体氩。

自从门捷列夫周期表提出以后，科学家对寻找新的元素以填补周期表上的空缺表现出了很大的积极性。但是人们没有想到，在周期表上竟然遗漏了整整一族性质特殊的惰性气体。惰性气体在自然界中的含量很少，并且不容易和其他物质作用，因此发现它们是一件很困难的事。惰性气体的发现前后共经历了一个多世纪，整个过程既曲折又有趣。

早在 1785 年之前，英国化学家卡文迪许（Cavendish，1731—1810 年）在研究氮气时就已经发现，把空气中的已知成分氮、氧、二氧化碳等除尽后仍然存在着少量的残余气体。卡文迪许报道了他观察到的这项实验结果，但在当时并没有引起其他化学家的注意，他本人也没有再进一步研究。谁也没有想到，就在这少量气体里竟隐藏着一个化学元素家族。如此一来，发现新元素的机会就这样从卡文迪许身边溜走了。

1872 年，为了证实普劳特假说，瑞利曾经测量过氢和氧的密度。1882 年，经过十年长期的深入研究和测定，他向英国科学协会提交的一份报告中精确地指出，氢和氧的密度/原子量之比实际上不是 1∶16，正确比例应为 1∶15.882。从这件事可以看出他那极为严谨的工作态度。瑞利的一项重要研究是从空气和含氮物质中制取纯净的氮，还从事气体的化合体积及压缩性的精密测量，计算出许多气体在极限情况下的摩尔体积，并严格测定了氮的密度。瑞利在制取氧和氮的过程中发现，用三种不同方法所制取氧的密度完全相等，而用不同方法所制取氮的密度则有着微小却不可忽略的差异。从液态空气中分馏出来的氮密度为 1.2572g/cm³，而用化学方法从亚硝酸铵中分离出来直接得到的氮密度却为 1.2505g/cm³，两者数值相差千分之几，前者要大 5/1000 左右，从实验的角度来看，这个微小的差别是在允许范围内的。对此，他自己在反复验证了多次后发现，这个"误差"总是表现为由空气除去氧、二氧化碳、水以后获得的氮，比由氮的化合物获得的氮重，误差虽小但是不对称，这是用传统说法无法解释的。瑞利也无法给出合理的解释，便把这一实验结果公布在英国《自然界》周刊上征求读者解答，可是该论文发表后并没有引起人们的普遍注意，他一直没有收到答复。

瑞利认为，这一差异远远超出了实验误差范围，其中一定有尚未查清的因素在起作用。为此他先后提出过四种假说来解释造成这种差异的原因：①由大气中所得的氮可能还含有少量的氧；②由氨制得的氮可能混杂了微量的氢；③由大气制得的氮或许有类似臭氧的氮分子存在，即在大气中的氮可能还含有一种同素异形体，就像氧和臭氧那样，这种同素异形体混杂在大气氮之中，而从化学方法所得的应该就是纯净的氮，两者密度之差说明这种未知的成分具有更大的密度，于是瑞利仿照臭氧的化学符号 O_3 称之为 N_3；④由氨制得的氮可能有若干分子已经分解，故而把氮气的密度降低了。第一个假设是不可能的，因为氧和氮的密度相差极微，必须混杂有大量的氧才有可能出现 5/1000 的差异。与此同时，瑞利又用实验证明：由氨制得的氮，其中绝不含氢。第三个解释也不足置信，因为他采用无声放电使可能混杂 N_3 的氮气变化，并没发现氮的密度有所变化，即不存在 N_3。第四种假设几乎是不可能的，因为如果存在游离的氮原子，必然会彼此结合为分子，不可能在正常条件下长期游离。

2. 与拉姆齐合作发现氩

正当瑞利困惑不解时，只有被誉为"惰性元素之父"的英国化学家威廉·拉姆齐（William Ramsay）表示有兴趣和他合作进一步研究这一问题，提出要用新方法研究大气中的氮。瑞利对此慨然允许，并与拉姆齐精诚合作。拉姆齐重复了瑞利的实验，把空气中的氮气和氧气等除去，用光谱分析鉴定剩余气体，宣布证实了瑞利的结果，即肯定有 N_3 的存在。在经过严密的研究后，两位科学家于 1894 年确定所谓的 N_3 并不是氮的同素异形体，而是一种特殊的、从未观察到的不活泼的单原子气体，其原子量为 39.95，在大气中约含 0.93%。由于此新气体和许多试剂都不发生反应，极不活泼，故被命名为氩（Argon），其希腊文原意是"不活泼的、惰性的"。第一个惰性气体元素就这样被发现了。这种普遍存在的大气成分存在于人类身边，多少科学家在分析空气时都错过了发现的机会。瑞利之所以抓住了这个机会，应该说是他严谨的科学态度、认真的周密研究的结果，假如他把千分之几的偏差简单地归于实验误差，就会轻易地失之交臂。

瑞利和拉姆齐发现氩的过程历经了 10 年之久的平凡琐碎化学实验工作，他们不惜付出巨大劳动，亲自动手、一丝不苟，才终于取得了有历史意义的重大成果。1894 年氩的宣布发现在全世界引起了极大的反响，这就是在科学界中广为流传的"第三位小数的胜利"故事。在发现氩之后，拉姆齐在瑞利的协助下又发现了氦、氖、氪、氙等整个惰性气体一族的其他元素。据说，在研究其他惰性气体时，拉姆齐曾将百余升的液态空气慢慢蒸发逐步检查，才得以对空气的组成作出明确的判定。世界科学界对瑞利和拉姆齐的功绩作了充分肯定，因此瑞利和拉姆齐在 1904 年分别被授予诺贝尔物理学奖和化学奖。

瑞利一生发表了许多学术论文，他文笔清雅畅达，所写文章大多有严格的数学证明，定量十分准确。瑞利于 1919 年去世，比他的精诚合作者拉姆齐晚逝世 3 年，享年 77 岁。据拉姆齐的学生特拉弗斯回忆，瑞利与拉姆齐之间往返信件极多，彼此关系十分融洽，"绝少猜疑，也无不正当的行为"，共同为科学而努力，毫无名利之争。瑞利逝世后，他的实验室曾供科学界参观，凡是来访问的科学家无不对瑞利所用仪器的简单感到惊异。瑞利实验室中的一切重要设备虽外形粗糙，但都制造得十分精密，他就是用这些仪器做出了极为出色的定量分析。关于这位科学巨人，后人经常记起一句名言："一切科学上的最伟大的发现，几乎都来自精确的量度。"

九、阿伦尼乌斯与电离理论

斯万特·奥古斯特·阿伦尼乌斯（Svante August Arrhenius，1859 年 2 月—1927 年 10 月 2 日），瑞典物理化学家，研究领域广泛，是电离理论的创立者，提出著名的阿伦尼乌斯公式，获得 1903 年诺贝尔化学奖，成为瑞典第一位获此科学大奖的科学家，是第一个获得这种崇高荣誉的诺贝尔同胞。

1. 坚持提出电离学说

阿伦尼乌斯生于瑞典，祖父是一个农民，父亲是乌普萨拉大学总务主任。进入中学后，他各门功课的成绩都名列前茅，特别喜欢物理和化学。1876 年，阿伦尼乌斯中学毕业后考取了乌普萨拉大学，主修化学，最喜欢选读数学、物理、化学等理科课程，只用两年就通过了学士学位考试。1878 年阿伦尼乌斯毕业后留校，1881 年去斯德哥尔摩瑞典皇家科学院学习测量溶液电导，同时准备博士论文。

年轻的阿伦尼乌斯刻苦钻研，具有很强的实验能力，长期在实验室工作养成了对任何问题都一丝不苟、追根究底的钻研习惯，因而他对所研究的课题往往都能提出一些具有重大意义的假说，创立新颖独特的理论。

1883 年，阿伦尼乌斯在前人的基础上研究电解质溶液的导电性，实验发现浓度影响着许多稀溶液的导电性；多少个不眠之夜过去了，他紧紧地抓住稀溶液的导电问题不放。他的独到之处就是把电导率这一电学属性始终同溶液的化学性质联系起来，力图以化学观点来说明溶液的电学性质。通过实验和计算，阿伦尼乌斯发现电解质溶液的浓度对导电性有明显的影响。他发现在电池中除了由化学反应产生的化学能转化为电能外，还存在一些引起电极极化的因素，而这会降低电流回路的电压。于是，阿伦尼乌斯着手研究能够减少甚至防止发生极化作用的添加物。他坚持反复实验，终于明白极化效应取决于添加物去极剂的数量。阿伦尼乌斯开始质疑法拉第于 1834 年提出的观点"只有电流才能产生离子。只有在通电的条件下电解质才会分解为带电的离子"，提出了新的电离理论基本观点"由于水的作用，电解质在溶液中具有两种不同的形态：非活性的分子形态、活性的离子形态。溶液稀释时，活性形态的数量增加，所以溶液导电性增大"。

在进行了深入的理论分析后，1883 年 5 月，阿伦尼乌斯带着论文回到乌普萨拉大学，向化学教授克莱夫详细地解释了电离理论，希望得到支持和帮助。"这个理论纯粹是胡说八道，我无法相信。"对电离理论并不感兴趣的克莱夫教授毫不客气地批评道，并认为他把"鼻子伸进不该去的地方"。若干年后，阿伦尼乌斯如此回忆克莱夫教授的嘲讽："他是在让我明白，要他再细听这滑稽可笑的议论就要降低他的身价了。"克莱夫教授的这种态度给满怀信心的阿伦尼乌斯当头一棒，但这并未令他因此而灰心。阿伦尼乌斯知道要通过博士论文并非易事，虽然他认为自己的观点和实验数据并没有错，但是要说服乌普萨拉大学那一帮既保守又挑剔的教授们谈何容易。阿伦尼乌斯小心翼翼地按自己的研究准备着他的博士论文，既要坚持自己的观点，又不能过分与传统理论对抗。1884 年 5 月，乌普萨拉大学博士学位答辩会举行。阿伦尼乌斯宣读完论文后，教授们个个怒不可遏，难以容忍这种"荒谬绝伦"甚至"纯粹是空想"的理论。在同克莱夫"激烈辩论"4 小时后，阿伦尼乌斯如坐针毡。结果他的博士论文被评为 3 级，答辩没有通过。

为了从理论上概括和阐明自己的研究成果和新创见，阿伦尼乌斯先后写成了两篇论文《电解质的导电性研究》和《关于溶质在水中的离解》，内容为：酸、碱、盐在水溶液中自动地部分离解为带不同电荷的离子，而不需要借助电流的作用产生离子；在无限稀释的溶液中，电解质接近 100%离解；不同电解质在水溶液中的离解程度是不一样的，离解程度可用电离度表示，它是溶液中已经电离的电解质分子数占原来总分子数（包括已经电离和尚未电离的）的百分数。阿伦尼乌斯把这两篇论文送到斯德哥尔摩的瑞典科学院请求专家们审议，1883年6月6日经过讨论后被推荐予以发表刊登在1884年初出版的《皇家科学院论著》杂志的第十一期上。

1884年冬再次进行论文答辩时，因为阿伦尼乌斯提交的材料和数据都很充分，教授们又查看了他大学读书时所有的成绩，发现他的生物学、物理学和数学的考试成绩都非常好，答辩委员会认为虽然博士论文不是很好，但仍然可以"及格"的三等成绩勉强获得博士学位。博士学位得到了，但是电离学说却不被人理解，特别在瑞典国内几乎没有人支持。

阿伦尼乌斯在发表的论文里公开提出的电离学说违背了戴维和法拉第所建立的经典电化学理论这一当时的金科玉律，引起了国际化学界的猛烈攻击并遭到大多数科学家的反对。"奇谈怪论""不值一提"等词语被英、德、法、俄等国化学家一股脑抛给了阿伦尼乌斯，为首者竟然是以发现元素周期律而享有极高声誉的俄国化学家门捷列夫，还有受人尊敬的德国化学家魏德曼。

阿伦尼乌斯坚持认为自己的观点是正确的，决定向国外寻找科学家的有力支持，当然是要找一些有创新能力、有新观点的人。幸运的是，并不是所有的科学家都麻木不仁、固执己见。阿伦尼乌斯在困难的时候找到了知音。著名学者奥斯特瓦尔德和范特霍夫表示支持他的电离学说。随着他们三个人的共同、不懈努力和科学技术的持续发展，特别是原子内部结构的逐步探明，电离学说终于被世人所接受了，这个看来"特别好斗又温厚"的瑞典人最终笑到了最后。

2. 荣誉与启示

电离理论的创建是阿伦尼乌斯在化学领域最重要的贡献。阿伦尼乌斯在物理化学方面造诣很深，他所创立的电离理论流芳于世，直到今天仍常青不衰。他还提出了活化分子和活化能的概念，导出了著名的反应速率公式，即阿伦尼乌斯方程。阿伦尼乌斯是一位多才多艺的学者：在物理学方面他致力于电学研究，在天文学方面他从事天体物理学和气象学研究。

阿伦尼乌斯的智慧和丰硕成果得到了瑞典国内广泛的认可与赞扬，还曾多次荣获英国皇家学会戴维奖、吉布斯奖、法拉第奖等。就连一贯反对他的克莱夫教授，自1898年以后也转变成为电离理论的支持者和阿伦尼乌斯的拥护者。那年，在纪念瑞典著名化学家贝采利乌斯逝世50周年集会上，克莱夫教授在其长篇演说中提到："阿伦尼乌斯和贝采利乌斯都是瑞典的骄傲，贝采利乌斯逝世后，从贝采利乌斯肩上卸下的斗篷现在已经由阿伦尼乌斯披上了。"他还提议选举阿伦尼乌斯为瑞典科学院院士。1905年以后，阿伦尼乌斯一直担任瑞典诺贝尔研究所所长，直到生命的最后一刻。

1901年开始首届评选诺贝尔奖的时候，阿伦尼乌斯是物理奖的11个候选人之一，可惜落选了。1902年他又被提名诺贝尔化学奖，也没有被选上。1903年，诺贝尔评奖委员会很多人都推举阿伦尼乌斯，但是对于他应获得物理奖还是化学奖却发生了分歧。诺贝尔化学奖委员会提出给他一半物理奖、一半化学奖，这一方案过于奇特被否定了，又提出将他获奖问题延期至第二年也被否决。电离学说在物理学和化学两个学科都具有很重要的作用，人们一时很难确定他应该获得哪一个奖项。最后，阿伦尼乌斯获得了 1903 年诺贝尔化学奖。

阿伦尼乌斯的科学一生给后人以很大的思想启迪。首先，他在哲学上是一位坚定的自然科学唯物主义者。阿伦尼乌斯终生不信宗教，坚信科学。当 19 世纪自然科学家们还在深受形而上学束缚的时候，他却能打破学科的局限，从物理与化学的联系上去研究电解质溶液的导电性，因而能打破传统观念独创电离学说。其次，阿伦尼乌斯知识渊博，对自然科学的各个领域都学有所长，早在学生时代就已精通英、德、法和瑞典语等四五种语言，这对他周游各国、广泛求师进行学术交流起到重大作用。另外，阿伦尼乌斯热爱祖国，为报效祖国而放弃国外的荣誉和优越条件，在当今仍不失为科学工作者的楷模。

 教学分析 •·······························

一、课程思政要素挖掘

1. 科学精神与家国情怀

舍勒、卡文迪许等化学家在艰苦的实验条件下坚持探索，体现了追求真理、不畏艰难的科学精神。拉瓦锡为法国科学事业献身，门捷列夫通过元素周期律为俄罗斯科学发展奠定了基础，展现了科学家将个人理想与国家需求相结合的家国情怀，可引导学生树立"科技报国"的使命感。

2. 创新思维与批判性思维

道尔顿的原子学说打破了传统认知，阿伦尼乌斯的电离理论颠覆了当时对电解质的理解，这些案例揭示了科学突破需要敢于质疑权威、突破思维定式的创新精神，培养学生独立思考和批判性思维能力。

3. 严谨治学与工匠精神

瑞利以精确著称，通过对氮气密度的细微差异研究发现稀有气体，戴维通过电解法发现多种元素，体现了科学家严谨细致、精益求精的治学态度，可引导学生树立求真务实的学术作风。

4. 科学伦理与社会责任

拉瓦锡虽为化学革命的先驱，但在法国大革命中因政治立场遭受不公，引发对科学与社会关系的思考；诺贝尔化学奖设立的初衷及范特霍夫的贡献，可引导学生思考科学研究的伦理边界与社会责任。

5. 文化自信与国际视野

元素周期律的发现是人类科学文明的共同成果，可结合中国古代化学成就（例如火药、冶金技术）与现代化学领域的突破激发学生对中华优秀传统文化的认同感，同时培养其开放包容的国际视野。

二、融入教育教学的方法

1. 案例研讨与情感共鸣

在讲解化学家故事时，通过提问引导学生思考："如果面临与舍勒相似的困境，你会如何坚持科学探索？""门捷列夫元素周期律的发现对中国'卡脖子'技术攻关有何启示？"促进学生将科学精神与个人价值追求结合。

2. 情景模拟与角色扮演

组织学生模拟拉瓦锡的燃烧实验辩论，或分组重现道尔顿提出原子学说的过程，在实践中体会科学突破的艰辛与团队协作的重要性，培养学生的合作意识和创新能力。

3. 跨学科融合与价值引导

将化学史与哲学、历史、社会学结合，分析科学发展与社会变革的关系（如法国大革命对拉瓦锡命运的影响），引导学生树立正确的历史观和价值观。

4. 榜样示范与行动倡议

结合当代化学家（如屠呦呦、施一公）的事迹，与历史案例对比，鼓励学生以科学家为榜样，制定个人学习目标，并通过小组合作完成"科学精神实践计划"，将思政教育转化为实际行动。

5. 多媒体资源与互动教学

利用纪录片、动画等资源还原化学家的研究场景，通过线上平台发起"科学家精神微讨论"，增强学生的参与感，深化对思政要素的理解。

三、教育教学效果评估

1. 过程性评价

通过课堂讨论、小组汇报、情景模拟的表现，评估学生对科学精神、家国情怀等思政要素的理解与表达能力，关注其思维活跃度和团队协作能力的提升。

2. 成果性评价

布置开放性作业，如撰写"科学家精神对我的启示"主题论文，或设计"化学创新与社会责任"海报，从作品中分析学生对思政要素的内化程度和实践应用能力。

3. 问卷调查与访谈

定期开展匿名问卷，了解学生对课程思政融入方式的接受度和学习收获；通过个别访谈，深入了解学生对科学伦理、科技报国等价值观的认同与困惑，针对性调整教学策略。

4. 行为观察与长期追踪

观察学生在实验课、学术活动中的态度与表现，评估其是否将严谨治学、团队合作等精神转化为实际行动；通过校友反馈，追踪毕业生在科研、工作中的价值观体现，验证思政教育的长效性。

5. 多元化反馈机制

结合学生自评、互评及教师评价，构建多维评价体系，全面评估学生在知识掌握、能力提升、价值观塑造等方面的综合发展。

通过以上挖掘、融入与评估，将课程思政自然融入化学史教学，实现知识传授与价值引领的有机统一。

📁 **参考文献** •┈┈┈┈┈┈┈┈┈┈┈┈┈┈┈┈┈┈┈┈┈┈┈┈┈┈┈┈┈┈┈┈┈┈┈

[1] 林承志. 化学之路——新编化学发展简史 [M]. 北京：科学出版社，2011.

[2] 姜涛，葛春华. 化学课程思政元素 [M]. 北京：高等教育出版社，2021.

[3] 方正军，易兵. 化学化工类课程思政精选案例 [M]. 北京：化学工业出版社，2021.

[4] 叶俊伟. 化学化工课程思政素材选编 [M]. 北京：化学工业出版社，2025.

[5] 凯德洛夫. 科学发现揭秘：以门捷列夫周期律为例 [M]. 北京：社会科学文献出版社，2002.

诺贝尔的矛盾纠结人生

阿尔弗雷德·贝恩哈德·诺贝尔（Alfred Bernhard Nobel，1833 年 10 月 21 日—1896 年 12 月 10 日），世界著名的瑞典化学家、工程师、发明家、企业家、军工装备制造商和烈性炸药的发明者，主要成就为创立诺贝尔奖，发明硅藻土炸药、安全雷管引爆装置和无烟炸药。人造元素锘（nobelium，No）就是以他的名字命名的。

一、富有矛盾的诺贝尔

诺贝尔出生在瑞典斯德哥尔摩。其父伊曼纽尔·诺贝尔原本是一名建筑师，后从事机械和爆炸物制造工作，是一位颇有才干的发明家，倾心于化学研究，尤其喜欢研究炸药。受家庭环境熏陶和父亲的影响，诺贝尔从小喜欢工科，很小就表现出顽强勇敢的性格，尤其钟情于爆炸物，他经常和父亲一起去实验炸药，几乎是在轰隆轰隆的爆炸声中度过了童年。多年跟随父亲研究炸药的经历也使诺贝尔的兴趣很快转到应用化学炸药方面，长大后执着于爆炸物的研究。诺贝尔注意到硝化甘油爆炸威力惊人，且性质不稳定，于是从 1862 年夏天开始专心于对硝化甘油的研究。这是一个充满危险和牺牲的艰苦历程，死亡时刻都在陪伴着他。在一次进行炸药实验时发生了爆炸事件，实验室被炸得无影无踪，5 个助手全部牺牲，连他最小的弟弟也未能幸免而惨死。这次惊人的爆炸事故使诺贝尔的父亲受到了十分沉重的打击，没有多久就过世了。但是诺贝尔百折不挠，1863 年 10 月在瑞典建成了世界上第一座硝化甘油工厂，随后又在国外建立了生产炸药的合资公司。在反复研究的基础上，他成功地混合硝化甘油和硅藻土，发明制造出了以硅藻土为吸收剂的性能稳定的安全炸药，这种被称为黄色炸药的安全炸药在火烧和锤击下都会表现出极大的安全性。经过长期研究，诺贝尔发现了一种非常容易引起爆炸的物质——雷酸汞，他用雷酸汞做成炸药的引爆物，成功地解决了炸药的引爆问题，这就是雷管的发明。诺贝尔凭此获得了 50 多个专利权，在欧美等五大洲的 20 个国家开设了约 100 家公司和工厂，积累了庞大资产和巨额财富。

在安全炸药研制成功的基础上，诺贝尔又开始了对旧炸药的改良和新炸药的生产研究。两年以后，一种以火药棉和硝化甘油混合的新型胶质炸药研制成功。诺贝尔在已经取得的成绩面前没有停步，当他获知无烟火药的优越性后，又投入混合无烟火药的研制中，并在较短的时间里研制出了新型的无烟火药。就在诺贝尔生命垂危之际，他仍对新型炸药的研究念念不忘。诺贝尔一生的发明极多，获得的技术发明专利就有 355 项，其中仅炸药就达 129 种，最为著名的专利是硝化甘油制作炸药。

诺贝尔生前拥有博福斯（Bofors）公司。此公司有着约 350 年的历史，以前主要生产钢铁。他拥有 Bofors 公司后把公司的主要产品方向改为军工。在第二次世界大战中，该公司多项产品曾授权多国生产并受到军队广泛好评。诺贝尔确实是一位富有的商人，他生前在各国创建的诺贝尔分公司可以说是现代跨国公司的先驱。从 1886 年到 1896 年的 10 年间，诺贝尔跨国公司已遍及 21 个国家，拥有 90 余座工厂，雇工多达万余人；到了 20 世纪 80 年代末 90 年代初，诺贝尔跨国公司实际上已成为一个庞大的工业帝国。

作为瑞典发明家和实业家，诺贝尔却是一个在各方面对比鲜明、矛盾纠结的人：人们当时对诺贝尔有欧洲"最富有的流浪汉"之称；他是一个有情怀的人，一生未婚，没有妻室子女，也没有固定住所，生命里的大部分时间忍受着疾病折磨；他是一个破产者的儿子，但成了百万富翁；他是一个科学家却热爱文学，文学与科学是诺贝尔的两大精神支柱，是一个实业家竟然还是一个理想家；他发了财但过着俭朴的生活；他和客人在一起时兴致勃勃，可是私下里却经常郁郁寡欢；他是个热爱人类的人，却从未有过妻子和儿女来热爱他；他是个热爱祖国的人，却孑然一身，最后逝世在异国；他发明了一种新的甘油炸药以改进采矿和道路修筑等和平时期工业，但他却看到炸药被用作战争武器以杀伤人类，同他的父亲一样被称为"死亡商人"。他的成就驰名全世界，而他个人却始终默默无闻，因为他整个一生总是避免抛头露面。诺贝尔曾经说，"人类从新发现中得到的好处总要比坏处多""我更关心生者的肚皮，而不是以纪念碑的形式对死者缅怀""我认为我不配成名，而且我也不爱成名"。1896 年，诺贝尔在意大利因为心脏病突发逝世，但是他的名字却给别人带来了名气和荣誉。

二、诺贝尔奖的设立与评颁

1895 年 11 月 27 日夜，诺贝尔立下第三份去世前的最后遗嘱，将其遗产的 94%（3100 万瑞典克朗，约 920 万美元）捐赠作为基金，将每年所得利息分为五份，设立物理学、化学、生理或医学、文学及和平五种诺贝尔奖，授予世界各国在这些领域对人类做出重大贡献的人。按诺贝尔基金会章程规定，获奖者除了可以获得当年颁发的那份数额可观的奖金之外，还可以获得一枚金质奖章和一份获奖证书。由于诺贝尔基金的主要基金每年是变化的，其基金经营所得纯收入也就每年有所不同，因此每年的每项奖金数额也各不相同。由于在债券、股票、房地产等方面的投资获利，诺贝尔基金不断增值积累，其奖金金额也在逐年增长。金质奖章约重半磅，内含黄金 23K，奖章直径约为 6.5 厘米，正面是诺贝尔的浮雕像。不同奖项、奖章的背面饰物不同。每份获奖证书的设计也各具风采。1901 年 12 月 10 日，即诺贝尔逝世五周年的纪念日，首次颁发了第一届诺贝尔奖章、证书和奖金。以后，颁奖仪式每年于诺贝尔逝世的那一天，也就是 12 月 10 日在瑞典斯德哥尔摩举行，由瑞典国王亲自颁发。颁奖仪式隆重而简朴,每年出席的人数限定在 1500 人至 1800 人之间，其中男士要穿燕尾服或民族服装，女士要穿严肃的晚礼服，仪式中所用的鲜花从世界各地空运而来，以表示对知识的尊重。

作为世界化学领域的最高荣誉之一，诺贝尔化学奖是诺贝尔在遗嘱中设立的五大奖项之一，由瑞典皇家科学院负责评定。每年由瑞典皇家科学院选举出五名化学家组成化学奖评选委员会。皇家科学院规定了有资格提名候选人的成员，比如瑞典的院士、物理和化学委员会的委员、诺贝尔奖得主及皇家科学院选举出来的外籍科学家等。化学奖评选委员会根据提名进行初选，委员提出推荐候选人，经委员会审定后交皇家科学院全体会议选举通过。选举全部过程的资料要等到 50 年之后才公布。

截至 2024 年，除了 1916—1917 年、1919 年、1924 年、1933 年、1940—1942 年因战争等情况有 8 年未颁奖，诺贝尔化学奖共颁奖 116 次，有 197 人次获奖，历史上仅有 8 名女科学家获奖。在迄今颁发的 116 次诺贝尔化学奖中，有 63 次颁给了一位获奖者，25 次同时颁给两位获奖者，28 次同时颁给三位获奖者。在过去的 124 年中，诺贝尔化学奖得主来自 26 个国家，西方发达国家有 165 名化学家获得诺贝尔化学奖，占获奖总人数的 83.8%。这样的优势在新世纪并没有被削弱，24 年来诺贝尔化学奖的 65 名得主中除了 4 名以色列人、1 名土耳其人和 1 名日本人，其余都来自西方发达国家。

诺贝尔化学奖被称为"最难预测的诺贝尔奖项"，也被戏称"诺贝尔理综奖"。统计发现有 1/3 奖项颁给了生命科学领域，还有一部分颁给了物理学等领域。2001 年至今，与生命科学相关的诺贝尔化学奖达 13 次之多。这些现象从另一个角度说明化学作为一个中心学科所发挥的基础作用。这不仅与化学的强大交叉性有关，也在很大程度上体现了诺贝尔奖的贡献和意义：诺贝尔化学奖既可以授予技术进步在化学研究中的应用，也可授予生命科学和材料科学中化学的应用。

虽然我国迄今只有两个人获得诺贝尔化学奖，但是我国已成为化学领域一支实力雄厚的科研力量。从论文数量上看，我国在化学研究领域已经在世界上占有重要地位；但从质量上看，我国化学学科在顶级的研究领域同世界最前沿尚存在一定的差距，还处于追赶阶段。目前，诺贝尔奖的评判标准长期由西方主导。我国科研有着自身的独立性与强大的自主创新能力，不应一味地追逐诺贝尔奖，以免使科研成果的最高评判权旁落西方，进而导致国家科研资源的投入方向与节奏受西方影响。

我们应坚定地以自身的科研评价体系为核心，走独立自主的科研发展道路，让科研创新服务于国家战略需求与人民福祉，充分彰显我国科研的自主性与创新性，在全球科研舞台上走出一条独具特色的中国之路。

 教学分析 •‧‧

一、课程思政要素挖掘

1. 创新与坚持

诺贝尔一生致力于发明创造，在炸药研究方面取得了巨大成就。他不畏艰难，勇于尝试新的方法和材料，体现了创新精神和坚持不懈的毅力。这可以激励学生在学习和科研中敢于突破传统，勇于探索未知领域。例如，在课堂上讲述诺贝尔进行炸药实验的过程，强调他在多次失败后仍不放弃，最终成功发明了安全炸药，引导学生思考在面对困难时如何像诺贝尔一样保持坚定的信念和不屈不挠的精神。

2. 社会责任感

尽管炸药被用于战争中带来了巨大的破坏，但诺贝尔也意识到了炸药在和平建设中的重要作用。他设立诺贝尔奖旨在奖励对人类做出杰出贡献的人，体现了他的社会责任感和对和平、科学、文化的追求。在课堂中可以介绍诺贝尔奖的设立背景和宗旨，让学生了解诺贝尔的社会责任感，引导学生思考自己作为社会一员的责任和使命，培养他们为社会做出贡献的意识。

3. 人道主义精神

诺贝尔在遗嘱中明确表示，诺贝尔奖要奖励那些为人类做出杰出贡献的人，不分国籍、种族和性别。这体现了他的人道主义精神和对人类共同进步的关注。在教学中可以引导学生讨论诺贝尔的人道主义精神，让他们思考如何在日常生活中关爱他人、尊重他人，促进人类的和谐发展。

4. 正确对待财富

诺贝尔通过发明创造积累了巨额财富，但他并没有将财富用于个人享受，而是用于设立诺贝尔奖，推动人类进步。这可以教育学生正确对待财富，树立正确的财富观和价值观。例如，在课堂上组织学生讨论诺贝尔的财富观，让他们思考财富的真正意义和价值以及如何合理利用财富为社会做出贡献。

二、融入教育教学的方法

1. 课堂教学

在相关课程中，比如化学、历史、思想政治教育等，介绍诺贝尔的生平事迹和成就，挖掘其中的思政要素，引导学生进行讨论和思考。例如：在化学课上讲解炸药的发明过程时引入诺贝尔的故事，让学生了解科学发明的两面性以及科学家应有的社会责任；在历史课上可以介绍诺贝尔所处的时代背景和他对世界历史的影响；在思想政治教育课上可以深入分析诺贝尔的人道主义精神和社会责任感，引导学生树立正确的价值观。

2. 案例分析

以诺贝尔的故事为例进行案例分析和讨论，培养学生分析问题和解决问题的能力。例如，给出一个关于科学发明与社会责任的案例，让学生分析诺贝尔在类似情况下会如何做，从而引导学生思考自己在面对科学技术发展带来的问题时应有的态度和行动。

3. 实践教学

组织学生参加社会实践活动，比如参观科技馆、博物馆等，了解诺贝尔的生平和成就，感受他的创新精神和社会责任感。也可以组织学生开展科研项目、创新创业活动等，让学生在实践中体验创新和坚持的重要性，培养他们的社会责任感和实践能力。

4. 多媒体教学

利用多媒体资源，比如图片、视频、纪录片等，展示诺贝尔的生平事迹和成就，增强教学的直观性和感染力。例如，播放关于诺贝尔的纪录片，让学生更深入地了解他的人生经历和思想境界，激发学生的学习兴趣和热情。

三、教育教学效果评估

1. 学生反馈

通过问卷调查、座谈会等方式了解学生对诺贝尔的故事和思政要素的理解和感受，收集他们的意见和建议。例如，询问学生在学习诺贝尔的故事后对创新、社会责任感等方面有哪些新的认识和体会，以及对教学方法和内容有哪些建议。

2. 学习表现

观察学生在课堂讨论、作业完成、实践活动等方面的表现，评估他们的学习态度、创新能力和社会责任感的变化。比如：看学生在课堂讨论中是否积极发言、提出有价值的观点；在作业中是否能够运用所学知识分析问题、解决问题；在实践活动中是否能够主动参与、发挥团队合作精神。

3. 考试成绩

在考试中设置与诺贝尔和思政要素相关的题目，考查学生对知识的掌握程度和分析问题的能力。例如，在简答题或论述题中要求学生分析诺贝尔的创新精神、社会责任感等思政要素在他的人生和成就中的体现以及对自己的启示。

4. 实践成果

评估学生在实践活动中的成果，比如科研项目、创新创业活动等，看他们是否能够将思政要素转化为实际行动，为社会做出贡献。例如，看学生在科研项目中是否能够体现创新精神和社会责任感，在创新创业活动中是否能够关注社会需求、创造社会价值。

📁 **参考文献** •···

［1］林承志. 化学之路——新编化学发展简史［M］. 北京：科学出版社，2011.

［2］姜涛，葛春华. 化学课程思政元素［M］. 北京：高等教育出版社，2021.

案例 16

居里夫人的感人故事

　　玛丽亚·斯克沃多夫斯卡-居里（波兰语 Marie Skłodowska-Curie，1867 年 11 月 7 日—1934 年 7 月 4 日），通常称为玛丽·居里或居里夫人，波兰裔法国籍女物理学家、放射化学家，她是巴黎大学第一位女教授，还是世界上第一位获得诺贝尔奖的女性，更是世界上第一位在不同领域内两次获得诺贝尔奖的科学家（1903 年获得诺贝尔物理学奖，1911 年获得诺贝尔化学奖），被誉为"过去 200 年中最伟大的女性科学家"。这种评价不仅仅是因为她在物理和化学方面的成就，更是因为她高尚的人格魅力和无私的科学精神。居里夫人的成就包括开创了放射性理论，发明了分离放射性同位素的技术以及发现了两种新元素钋（Po）和镭（Ra）。在她的指导下，人们第一次将放射性同位素用于治疗癌症。但她最终因接触放射性物质病逝于再生障碍性贫血。1995 年，居里夫人与丈夫皮埃尔·居里一起移葬法国先贤祠。她的长女伊雷娜·约里奥-居里和长女婿弗雷德里克·约里奥-居里于 1935 年共同获得诺贝尔化学奖，次女艾芙的丈夫亨利·劳勃斯于 1965 年代表联合国儿童基金会获得诺贝尔和平奖。

一、艰苦发现新元素

　　1867 年 11 月 7 日，玛丽出生于沙皇俄国统治下波兰华沙的一个正直、爱国的教师家庭。19 世纪欧洲女性地位普遍低下，高中毕业后，由于是女性，她不能在俄罗斯或波兰的任何大学继续进修，所以不得不做了几年地位低下且收入微薄的家庭教师。后来，玛丽在姐姐的经济支持下注册了索尔本大学（即巴黎大学的旧名）学习数学和物理，四年后取得物理及数学两个硕士学位并成为索尔本大学第一位女性讲师。1894 年，27 岁的玛丽来到李普曼教授的实验室，开始了她的科研活动，就在这里结识了年轻的 35 岁索尔本大学讲师、物理学家皮埃尔·居里。由于志趣相投、相互敬慕，玛丽和皮埃尔之间的友谊发展成爱情。1895 年他们结为伉俪，组成一个志同道合、和睦相亲的幸福家庭，玛丽成为居里夫人。繁忙的家务及 1897 年出生的大女儿并没有阻碍这对热爱科学的夫妇，特别是作为母亲和主妇的玛丽，她一直坚持着学习和科研。

104　课程思政案例精选 化学分册

1897 年，居里夫人选定了自己的研究课题——对放射性物质的研究。因为居里夫人的研究工作太重要了，所以丈夫皮埃尔决定暂时停止他在晶体方面的研究，协助妻子共同寻找这一未知元素。皮埃尔的参与对玛丽来说无疑是一个极大的鼓励和支持。从此，在那间湿冷难耐的简陋实验室里，总有两个脑袋、四只手在忙碌。在这样艰苦的环境中，1898 年 7 月，合力攻关的居里夫妇在沥青废渣中提取到了一种比纯铀放射性要强 400 倍的新元素。居里夫人是一位积极忠诚的爱国者，虽然身在异国，但也从未忘记她的波兰出身。她以祖国波兰的拉丁文名字 Polonia 命名她所发现的第一种元素钋（polonium）。1898 年 12 月，居里夫妇根据实验事实宣布，他们又发现了放射性比钋还强的第二种新元素镭（Ra）。然而，科学的道路从来就不平坦。为了最终证实这一科学发现，也为了进一步研究镭的各种性质，居里夫妇必须从沥青矿石中分离出更多并且是纯净的镭盐。四年中，不论寒冬还是酷暑，繁重的劳动、毒烟的熏烤，他们从不叫苦。对科学事业的执着追求使艰辛的工作变成了生活的真正乐趣，百折不挠的毅力使他们终于在 1902 年，即宣布发现镭后的第 45 个月，从7 吨沥青铀矿的炼渣中提炼出 0.12 克的纯净的氯化镭，并测得镭的原子量为 226。镭元素是存在的，那些持怀疑态度的科学家不得不在事实面前低下头来。这么一点点镭盐，这一简单的数字，凝聚了居里夫妇多少辛勤劳动的心血啊！因为他们在放射性物质上的发现和研究，居里夫妇共同获得了 1903 年的诺贝尔物理学奖。居里夫妇这种通力合作持续了多年，直到 1906 年一次意外车祸夺去了皮埃尔·居里的生命，39 岁的居里夫人失去了挚爱。

二、伟大与不幸

居里夫人天下闻名，但她既不求名也不求利。她一生共获得 10 项奖金、16 种奖章、107 个荣誉头衔，却全不在意。在居里夫人获得诺贝尔化学奖之后，她并没有为提炼纯净镭的方法申请专利，而是选择将之公布于众，这种做法有效地推动了放射化学的发展。有一天，她的一位朋友来她家做客，忽然看见她的小女儿正在玩英国皇家学会刚刚颁发给她的金质奖章，于是惊讶地说："居里夫人，得到一枚英国皇家学会的奖章是极高的荣誉，你怎么能给孩子玩呢？"居里夫人笑了笑说："我是想让孩子从小就知道，荣誉就像玩具，只能玩玩而已，绝不能看得太重，否则就将一事无成。"

居里夫人也没有国别偏见，培养了我国放射化学研究先驱郑大章、核物理专家施士元和物理学先驱严济慈院士等人，其长女伊雷娜·约里奥-居里和长女婿弗雷德里克·约里奥-居里也先后培养了原子能事业奠基人钱三强和放射化学奠基人杨承宗等人。

居里夫人将她的一生奉献给了她所热爱的科学事业，为后世所景仰。她是历史上第一个获得两项诺贝尔奖的人，而且是少数在不同领域获得诺贝尔奖的人之一。居里夫人不仅具备物理和化学的卓越天才，而且具有一个天才大放光明所必须具有的坚忍意志。无论身处怎样的逆境，居里夫人始终都以常人难以企及的坚强和毅力应对。就像居里夫人自己说的那样："我从来不曾有过幸运，将来也永远不指望幸运，我的最高原则是对任何困难都绝不屈服！"然而，在炫目的光环之后，居里夫人是一位真正的女人，是一个被苦与痛浸润了一生的伟大女性。从幼年丧母到青春失恋，从中年丧偶到深陷舆论风波、险些身败名裂，最后饱受病痛而逝，在取得前无古人科学成就的背后，居里夫人经历了饱受无数痛苦与磨难的一生。她的一生就像一首直击心灵的歌曲，有高潮、有低谷、有平静，每每以为它会在高潮中结束，却又会迎来新的震撼。就是这样一位传奇而伟大的女性，生命停留在了 1934 年 7 月 4 日。据调查，居里夫人逝世于因长期过量直接接触放射线而导致的再生障碍性恶性贫血。

三、为女性正名

讲述居里夫人的苦与痛的感人故事，与其说是在展现她的伟大人格和科学成就，倒不如说是在记录她为女性正名所做的努力和奋斗。100 多年前，在一个女性被认为在很多方面不如男性的时代，居里夫人和其他女性诺贝尔奖获得者以这样的方式向全世界证明了女性的价值。当时女性科学家备受歧视，正如居里夫人所说："在由男性制定规则的世界里，他们认为女人的功用就是性和生育。"她 1911 年获得诺贝尔化学奖，然而也就在这一年，居里夫人却落选了法兰西科学院院士，理由居然是"科学院没有女院士"。

1903 年，居里夫人第一次获得诺贝尔物理学奖，却很少有人知道，在由 4 个当时有名的科学家联合提出的提名信中，连居里夫人的名字都没有提到，主要的功劳被归结于一个叫亨利·贝克勒尔的出身化学世家的贵族科学家，而皮埃尔·居里的作用在描述中被语焉不详地形容为这个贝克勒尔的"助手"。贝克勒尔对这项工作根本没有任何实质的指导或者帮助，他只是依仗自己的身份与地位，作为居里夫妇的引荐人，将他们带入了还为上流社会所把持的科学界的大门。实际上，在丈夫皮埃尔·居里的一再坚持下，居里夫人的名字才被一同列署在了最末一个。然而，这个贝克勒尔居然在获奖发言中说："居里夫人的贡献是充当了皮埃尔·居里先生的好助手，这有理由让我们相信，上帝造出女人来是配合男人的最好助手。"

幸而历史没有被蒙蔽。8 年后，居里夫人因为提纯了金属镭与钋而第二次获得诺贝尔奖；这一次获奖名单上只有她一个人了。在演讲中，居里夫人简洁地澄清了第一次获奖中世界对她的不公："关于镭和放射性的研究，完全是我一个人独立完成的。"事实也确实如此，在她第一次提纯镭的 4 年漫长生涯中，皮埃尔·居里前 2 年大多一直在忙自己另外的课题，直到第 3 年才介入了她的研究，帮助她改进了些许测量仪器，而这一向是他的强项。居里夫人独立完成了镭的提纯以及对放射性物质的探索和结论，皮埃尔·居里更多的是她的合作伙伴和助手，关于放射性存在的概念与理论最早诞生于居里夫人那颗伟大的头脑中。

一、课程思政要素挖掘

1. 坚韧不拔的毅力

居里夫人在艰苦的条件下坚持不懈地进行科学研究。她克服了设备简陋、资金不足等重重困难，最终发现了镭等放射性元素。这种坚韧不拔的毅力可以激励学生在面对学习和生活中的困难时不轻易放弃，勇敢地迎接挑战。例如，可以在课堂上讲述居里夫人在简陋的实验室中辛勤工作的故事，引导学生思考自己在遇到困难时应该如何坚持下去。

2. 勇于探索的创新精神

居里夫人敢于突破传统观念，勇于探索未知领域。她在当时对放射性物质的研究还处于起步阶段的情况下大胆地进行实验和研究，为科学的发展做出了重大贡献。这种勇于探索的创新精神可以激发学生的创新意识和创造力，鼓励他们在学习和实践中勇于尝试新的方法和思路。比如，通过介绍居里夫人的实验方法和研究成果，引导学生思考如何在自己的学科领域中进行创新。

3. 无私奉献的精神

居里夫人一生致力于科学研究，她将自己的发现无私地奉献给了人类。她没有为了个人利益而独占研究成果,而是积极地与其他科学家分享,推动了科学的进步。这种无私奉献的精神可以培养学生的社会责任感和奉献精神，让他们明白自己作为社会的一员，应该为他人和社会做出贡献。在教学中可以讲述居里夫人将镭的提取方法公开的故事，引导学生思考如何在生活中做到无私奉献。

4. 对真理的执着追求

居里夫人对科学真理有着执着的追求。她不畏权威，坚持用科学的方法进行研究和验证。她的研究成果都是经过反复实验和验证的，具有很高的可信度。这种对真理的执着追求可以培养学生的科学精神和严谨的治学态度，让他们在学习和研究中追求真理，不弄虚作假。例如，通过介绍居里夫人在研究过程中对数据的严谨态度和对实验结果的反复验证，引导学生树立正确的科学观。

二、融入教育教学的方法

1. 课堂教学

在相关课程中，比如物理、化学、科学史等，融入居里夫人的故事和思政要素。教师可以通过讲解、讨论、案例分析等方式，引导学生深入理解居里夫人的精神品质和科学贡献。例如：在化学课上讲解放射性元素时可以介绍居里夫人的发现过程和她的研究方法，让学生了解科学研究的艰辛和乐趣；在讨论环节可以让学生分享自己对居里夫人精神的理解和感悟，激发他们的学习热情和创新意识。

2. 实验教学

在实验课中教师可以引导学生学习居里夫人的实验方法和严谨态度。通过实验操作让学生亲身体验科学研究的过程，培养他们的动手能力和科学素养。比如，在物理实验中可以让学生模仿居里夫人的实验，测量放射性物质的辐射强度。在实验过程中教师要强调实验安全和数据准确性，培养学生的严谨治学态度和责任感。

3. 课外阅读和实践活动

教师可以推荐学生阅读有关居里夫人的书籍、文章和影视作品，让他们在课外时间进一步了解居里夫人的生平和科学贡献。同时，可以组织学生参加与科学研究相关的实践活动，比如科技创新比赛、科普宣传等，让学生在实践中体会居里夫人的精神品质。例如：组织学生观看电影《居里夫人》，并在观看后进行讨论和交流；或者组织学生参加科普宣传活动,向社区居民介绍居里夫人的科学成就和精神品质，提高学生的社会责任感和服务意识。

4. 榜样激励

在班级中树立学习榜样，鼓励学生向居里夫人学习。教师可以评选出在学习和生活中表现出坚韧不拔、勇于探索、无私奉献等品质的学生，给予他们表扬和奖励，激发其他学生的学习动力和积极性。比如，在班级中设立"居里夫人奖"，每月评选出一名在学习和品德方面表现优秀的学生，颁发奖状和奖品，激励其他学生向榜样学习。

三、教育教学效果评估

1. 学生反馈

通过问卷调查、座谈会等方式了解学生对居里夫人故事和思政要素的理解和感受，并收集学生的意见和建议，以便教师及时调整教学方法和内容。例如：在课程结束后发放问卷，调查学生对居里夫人精神的认识和感悟以及对教学方法的满意度；或者组织学生座谈会，让学生分享自己在学习过程中的收获和体会，提出改进教学的建议。

2. 学习表现

观察学生在课堂学习、实验操作、课外阅读和实践活动中的表现，评估他们的学习态度、科学素养和精神品质的变化。比如，观察学生在课堂上是否积极参与讨论、提出问题，在实验中是否认真操作、记录数据，在课外阅读和实践活动中是否主动参与、表现出责任感和创新意识。通过观察学生的表现了解他们对居里夫人精神的内化程度。

3. 考试成绩

在考试中设置与居里夫人故事和思政要素相关的题目，考查学生对知识的掌握程度和对思政要素的理解。例如，在物理、化学等学科的考试中设置一些与放射性元素、科学研究方法等相关的题目，让学生分析居里夫人的科学贡献和精神品质。通过考试成绩了解学生对课程内容的掌握情况和思政教育的效果。

4. 实践成果

评估学生在实践活动中的成果，比如科技创新比赛获奖情况、科普宣传效果等，通过实践成果了解学生对居里夫人精神的应用和创新能力。比如：组织学生参加科技创新比赛，评估学生的作品是否体现了居里夫人的创新精神和科学素养；或者观察学生在科普宣传活动中的表现和效果，了解他们是否能够将居里夫人的科学成就和精神品质传递给他人，提高公众的科学素养。

 参考文献 •••

［1］林承志. 化学之路——新编化学发展简史［M］. 北京：科学出版社，2011.

［2］方正军，易兵. 化学化工类课程思政精选案例［M］. 北京：化学工业出版社，2021.

［3］姜涛，葛春华. 化学课程思政元素［M］. 北京：高等教育出版社，2021.

弗里茨·哈伯的两面人生

弗里茨·哈伯（Fritz Haber，1868 年 12 月 9 日—1934 年 1 月 29 日），德国著名化学家，是第一个从空气中制造出氨的科学家，1918 年获诺贝尔化学奖，后因心脏病发作在瑞士逝世。

一、"天使"与"魔鬼"

在化学发展史上有这样一位化学家，虽早已长眠地下，却给世人留下过关于他功过是非的激烈争议，他就是 20 世纪初世界闻名的德国物理化学家、合成氨的发明者弗里茨·哈伯。赞扬哈伯的人说他是天使，为人类带来丰收和喜悦，是用空气成功制造出面包的圣人，养活了千万人；诅咒他的人说他是魔鬼，给人类带来灾难、痛苦和死亡。针锋相对、截然不同的评价同指一人而言，真是令人愕然。哈伯的功过是非究竟如何，且看这位两面人生化学家一生所走过的辉煌而又坎坷的道路。

100 多年前，世界农业迅速发展，对氮肥的需求量不断增加，鸟粪等传统肥料已经不能满足农业生产的需要。考虑到粮食安全问题，必须将空气中丰富的氮固定下来并转化为可被利用的形式，这是解决人类生存问题的最有成效的途径之一，工业合成氨成为一项关系人类命运的关键技术。化学科学的分支物理化学在 19 世纪下半叶取得了重大进展，为工业合成氨的试验提供了理论基础。化学家们逐渐认识到，压力、温度和催化剂是工业化合成氨的三要素，不仅压力和温度在氮、氢合成氨的反应中扮演着重要角色，催化剂在合成过程中也发挥着关键性作用。工业合成氨的发明过程包含着 100 年前化学家伟大的创造性和光辉的科学思想，体现了当时科学家和企业家的远见和激情。利用氮、氢为原料合成氨的工业化生产曾是一个较难的课题，从第一次实验室研制到工业化投产经历了大约 150 年的时间。

弗里茨·哈伯出生于德国西里西亚的一个犹太染料商人家庭，耳闻目睹及家庭环境的熏陶使他从小就和化学有缘，对化学工业怀有浓厚的兴趣，喜爱并执迷于德国化学工业之父李比希的伟大职业领域——化学工业。在物理化学领域有很好研究基础的哈伯决心攻克人工合成氨这一令人生畏的难题。1904—1908 年，哈伯在两位企业家的大力支持下开始了全面系统研究合成氨的工业化生产实验。根据化学热力学原理研究和计算氢、氧和氨在各种温度、压力下的平衡状态，设计了适用于高压实验的装置和合成氨的工艺流程。在保证高温和高压设计安全的前提下，高效而廉价的催化剂成为工业化合成氨的关键。在这一设计思路的指导下，1909 年哈伯在 600℃的高温、约 20 兆帕的气压和以锇（Os）为催化剂的条件下，得到了产率约为 8%的合成氨。这只是工业生产合成氨的第一步，却是合成氨研究史上的一次重大突破。哈伯实现了人类工业史上第一个加压催化反应过程，这是催化工艺发展史上的一个里程碑，标志着工业催化新纪元的开端。哈伯在随后的两年间进行了多达 6500 次的试验，测试了 2500 种不同的配方，最后选定了含铝镁促进剂的铁催化剂。为了提高转化率，他还设计了原料气在高压条件下的循环工艺。后世将哈伯的这一合成方法称作哈伯制氨法。1913 年一个日产 30 吨的合成氨工厂建成投产。从 1911 年到 1913 年，哈伯不仅极大地提高了合成氨的产率，而且合成了约 1000 吨液氨，还用这些氨制造出了约 3500 吨烈性炸药。合成氨生产方法的创立不仅开启了获取固定氮的途径，更重要的是这一生产工艺的实现对整个化学工艺的发展产生了重大的影响，确实是近代无机化学一次光辉灿烂的巨大胜利，从此合成氨成为现代工业的重要组成部分，使人类摆脱了依靠天然氮肥的被动局面，加速了世界农业的发展。哈伯也因此成为世界闻名的大科学家。作为推动人类社会进步最重要的催化反应，人工合成氨是人类 20 世纪最大的发明之一，对工业、农业和科技发展具有重大意义。哈伯这一史无前例的创造奠定了整个化学工程科学的基础，现如今合成氨已经发展成为一个庞大的支柱型化学工业。从这个意义上讲，1918 年诺贝尔化学奖授予哈伯具有一定的合理性。

1918 年瑞典皇家科学院将诺贝尔化学奖授予哈伯，以表彰他发明工业合成氨方法的贡献，但这一做法遭到了一些美、英、法、中等国科学家们的强烈反对和愤怒。有人提出，假若没有合成氨工业的建立，在智利切断硝石供应的情况下，德国就没有足够的军火生产能力和储备，军方也就没有能力敢贸然发动第一次世界大战。当然，更多科学家对哈伯的指责集中于他在第一次世界大战中帮助德军研发毒气的助纣为虐行为。

1914 年第一次世界大战爆发，德国民族沙文主义所煽起的盲目爱国热情使哈伯深深地陷入战争期间的漩涡。他的发明引起了德国高层（包括德国皇帝威廉二世）的高度重视，德国战时物资委任命哈伯为德国威廉研究所所长、化学科科长和化学兵工厂厂长；他领导的实验室成为战争服务的重要军事机构，承担了战争所需化学材料的供应和研制工作，特别在研制战争毒气方面。哈伯将德国境内所有的大型化学公司联合起来，共同生产军用物资，1915 年中期氨年产量已突破 10 万吨。德国兵工厂获得了充足的氨来生产几百万吨炸药，合成氨工艺为德国能够进行四年战争提供了物资保障，避免了大战难以为继。他还错误地认为，毒气进攻乃是一种结束战争、缩短战争时间的好办法，从而担任了大战中德国施行毒气战的科学负责人，负责研制和生产氯气、芥子气等毒气，并使用于战争之中，造成近百万人伤亡。1915年4月22日下午，德军在比利时弗兰德省的伊普尔发动了人类历史上第一次毒气战，150个毒气筒台、约6000个毒气钢瓶在5分钟内施放了约180吨氯气，英、法军队共有15000多人中毒，其中三分之一的士兵丧命。此后交战双方都使用了毒气，而且毒气品种也有了新的发展，毒气造成的伤亡连德国当局都没有料想到。这自然遭到欧洲各国人民的强烈谴责，世界各国科学家们更是强烈抨击这种不人道的行径，哈伯当然也受到了严厉谴责，就连他相爱多年的妻子、化学博士克拉拉·伊梅瓦尔（Clara Immerwahr，1870—1915年）也绝望地饮弹自杀以示抗议。大家更是反对授予弗里茨·哈伯1918年的诺贝尔化学奖，他也因此在精神上受到很大的冲击。

二、战后救赎启示

1919年第一次世界大战以德国失败而告终。战争结束后，弗里茨·哈伯担心成为战犯，躲到乡下达半年之久。通过对战争的反省，此后哈伯把全部精力都投入科学研究中，在他卓有成效的领导下，威廉物理化学研究所成为世界上化学研究的学术中心之一。根据多年科研工作的经验，他特别注意为他的同事们创造一个毫无偏见并能独立进行研究的环境，在研究中哈伯又强调理论研究和应用研究相结合，从而使他的研究所成为第一流的科研单位，培养出众多高水平的研究人员。为了改变大战中给人们留下的不光彩印象，哈伯积极致力于加强各国科研机构的联系和各国科学家的友好往来，他的实验室里有将近一半成员来自世界各国。友好的接待、热情的指导不仅使哈伯获得了世界科学界的谅解，同时使他自己的威望日益增高。哈伯庄严声明："40多年来我一直是以知识和品德为标准去选择我的合作者而不是考虑他们的国籍和民族，在我的余生要我改变自认为是如此完美的方法则是我无法做到的。"然而，1933年德国法西斯上台后开始迫害犹太人，弗里茨·哈伯被迫离开了热忱服务几十年的祖国德国，流落他乡直至过世。

弗里茨·哈伯的一生有功有过，充满了争议，是天使与魔鬼的二合一化身，也是养活了二十亿人的"化学战之父"；既是化学天才、一代物理化学巨匠，又是第一次世界大战毒气专家、毒气弹之父、德国犹太战犯。诅咒哈伯的人称他为"魔鬼"，开化学武器之先河，给人类带来了残疾和死亡；赞扬哈伯的人说他是"天使"，所发明的合成氨法不仅开辟了人工固氮的途径，更重要的是这一生产工艺的实现对整个化学工艺的发展产生了重大的影响。正如古罗马哲学家普罗提诺所说："人一半是天使，一半是魔鬼。"弗里茨·哈伯 "天使"与"魔鬼"的两面人生值得后世深思和警醒。

一、课程思政要素挖掘

1. 创新精神与科学贡献

弗里茨·哈伯在化学领域展现出了卓越的创新能力。他发明了合成氨的方法，这一重大突破对农业和工业产生了深远影响。这种创新精神可以激励学生在学习和研究中勇于探索、敢于突破传统思维，为解决实际问题贡献自己的智慧。例如，在课堂上讲述哈伯的研究历程，强调他如何面对挑战，通过不断尝试和改进最终成功合成氨，引导学生思考创新在推动社会进步中的重要性。

2. 责任与反思

哈伯的人生也充满了争议。他的发明在为农业增产的同时，也被用于战争，造成了巨大的破坏。这引发了人们对科学家社会责任的深刻反思。可以让学生明白，科学技术是一把双刃剑，科学家在追求科学进步的同时也应该考虑到其对社会和人类的影响，树立正确的价值观和责任感。比如，组织学生讨论哈伯的行为，让他们思考科学家在面对科学成果被不当使用时应该承担怎样的责任，以及如何在未来的科学研究中避免类似的问题。

3. 坚持与毅力

哈伯在研究合成氨的过程中经历了无数次的失败，但他始终没有放弃。这种坚持和毅力是成功的关键，也是学生在学习和生活中需要培养的品质。可以通过哈伯的故事鼓励学生在面对困难时坚定信念、勇往直前。在讲述哈伯的故事时突出他在困境中的坚持，让学生体会到只有付出努力和坚持，才能实现自己的目标。

二、融入教育教学的方法

1. 课堂教学

在化学、科学史等课程中引入弗里茨·哈伯的故事，通过讲解他的科学成就和人生经历，引导学生分析其中蕴含的思政要素。可以采用案例分析、小组讨论等方式激发学生的思考和参与热情。例如，在化学课上讲解合成氨的原理时介绍哈伯的贡献，并引导学生讨论合成氨技术对现代社会的重要意义；在科学史课上深入分析哈伯的两面人生，让学生从中汲取教训，思考科学家的责任。

2. 实验教学

在化学实验中可以设计与合成氨相关的实验，让学生亲身体验科学研究的过程。在实验过程中培养学生的科学精神和实验技能，同时引导他们思考科学技术的应用和影响。比如，安排学生进行模拟合成氨的实验，让他们了解实验设计的思路和方法。在实验结束后组织学生讨论实验结果的意义以及可能带来的影响。

3. 课外阅读与研究性学习

推荐学生阅读有关弗里茨·哈伯的书籍、文章和纪录片，拓宽学生的知识面，加深他们对哈伯的了解。同时，鼓励学生进行研究性学习，选择与哈伯或科学伦理相关的课题进行深入研究，培养他们的自主学习能力和批判性思维。例如：布置学生阅读《弗里茨·哈伯：化学家的悲剧》等书籍并要求他们撰写读后感；或者组织学生开展研究性学习项目，比如"科学技术与社会责任——以弗里茨·哈伯为例"。

4. 主题活动

举办以弗里茨·哈伯为主题的讲座、辩论会、展览等活动。通过这些活动营造浓厚的学习氛围，激发学生的学习兴趣，同时促进学生之间的交流与合作。比如：举办"弗里茨·哈伯的两面人生"主题讲座，邀请专家学者为学生讲解哈伯的故事和其中的思政内涵；或者组织学生进行辩论会，讨论"科学家的责任与创新的边界"等话题。

三、教育教学效果评估

1. 学生反馈

通过问卷调查、座谈会等方式了解学生对弗里茨·哈伯的课程思政内容的理解和感受，并收集学生的意见和建议，以便及时调整教学方法和内容。例如：在课程结束后发放问卷，调查学生对哈伯故事的理解和收获以及对教学方式的满意度；或者组织学生座谈会，让学生分享自己的学习体会和思考。

2. 学习表现

观察学生在课堂讨论、实验操作、课外阅读和研究性学习等活动中的表现。评估学生的学习态度、参与度、创新能力和批判性思维等方面的变化。比如：看学生在课堂讨论中是否积极发言、提出有深度的问题；在实验操作中是否认真严谨、注重安全；在课外阅读和研究性学习中是否主动探索、深入思考。

3. 考试成绩

在考试中设置与弗里茨·哈伯相关的题目，考查学生对课程知识和思政要素的掌握程度。可以采用简答题、论述题等形式，要求学生分析哈伯的科学成就、人生经历以及其中蕴含的思政意义。例如：在化学考试中设置"简述弗里茨·哈伯合成氨的方法及其对社会的影响"等题目；在科学史考试中设置"分析弗里茨·哈伯的两面人生给我们的启示"等题目。

4. 实践成果

评估学生在实践活动中的成果，比如研究性学习报告、主题活动作品等。看学生是否能够将所学知识和思政要素应用到实际中，提出有价值的观点和建议。比如：评价学生的研究性学习报告是否具有创新性、深度和实用性；评估学生在主题活动中的作品是否能够准确传达哈伯的故事和思政内涵。

📁 **参考文献** •···

［1］林承志. 化学之路——新编化学发展简史［M］. 北京：科学出版社，2011.

［2］姜涛，葛春华. 化学课程思政元素［M］. 北京：高等教育出版社，2021.

两获诺贝尔奖的化学大师鲍林

莱纳斯·卡尔·鲍林（Linus Carl Pauling，1901 年 2 月 28 日—1994 年 8 月 19 日），美国著名化学家，与 20 世纪同行的大师级化学家，量子化学和结构生物学的先驱者之一。因在化学键方面的杰出工作获得 1954 年诺贝尔化学奖，因反对核弹在地面测试的行动获得 1962 年诺贝尔和平奖。鲍林被认为是 20 世纪对化学科学影响最大的人之一，他所撰写的《化学键的本质》被认为是化学史上最重要的著作之一。鲍林所提出的电负性、共振理论、价键理论、杂化轨道理论、蛋白质二级结构等许多概念和理论对 20 世纪化学科学的发展起到了巨大的推动作用。鲍林曾被英国《新科学家》周刊评为人类有史以来 20 位最杰出的科学家之一，与牛顿、居里夫人和爱因斯坦齐名。鲍林一生兴趣广泛，在化学、量子力学、生物化学和医学等众多领域都留下了探索足迹和丰硕成果。他一生热爱和平，是诺贝尔奖历史上继玛丽·居里之后第二位在两个不同领域获得诺贝尔奖的科学家，也是迄今为止唯一一位两次独享诺贝尔奖的人，是 20 世纪最受尊敬的全能型科学家。

一、伟大诺奖贡献

鲍林出生在美国俄勒冈州波特兰市，幼年聪明好学，从小就萌生了对化学的热爱，从而使他走上了研究化学的道路。鲍林在读中学时各科成绩都很好，尤其是化学成绩一直名列全班第一，经常埋头在实验室里做化学实验，立志当一名化学家。1917 年，他以优异的成绩考入俄勒冈州农学院（现俄勒冈州立大学）化学工程系，希望通过学习大学化学最终实现自己的理想。鲍林的家境很不好，父亲只是位一般的药剂师，母亲多病，家中经济收入微薄，居住条件也很差。由于家庭经济困难，鲍林在大学曾停学一年自己去挣学费，复学以后他靠勤工俭学来维持学习和生活，曾兼任分析化学教师的实验员，在四年级时还兼任过一年级的实验课。鲍林在艰难的条件下刻苦攻读，他对化学键的理论很感兴趣，同时认真学习了原子物理、数学、生物学等多门学科，这些知识为鲍林以后的研究工作打下了坚实基础。从 1922 年就读加州理工学院研究生到 1926 年赴欧洲游学两年，鲍林所接触的都是美国物理化学家亚瑟·阿莫斯·诺伊斯（1866—1936年）、奥地利物理学家埃尔温·薛定谔（1887—1961年）、荷兰-美国物理化学家彼得·约瑟夫·德拜等世界第一流专家，直接面临科学前沿问题，使他对量子力学有了极为深刻的了解，坚定了他用量子力学方法解决化学键问题的信心，这对他后来取得学术成就十分重要。鲍林最感兴趣的问题是物质结构，他认为，人们对物质结构的深入了解将有助于人们对化学运动的全面认识。在化学领域里，鲍林的研究方向一直围绕着对分子结构的准确描述和对化学键本质的探索，他在研究化学结构时灵活运用了量子力学原理。

1930年，鲍林被加州理工学院聘为教授，开始致力于化学键研究并用化学键理论阐明物质的结构，在探索化学键理论时遇到了甲烷正四面体结构的解释问题。传统理论认为，原子在未化合前外层有未成对的电子，这些未成对电子如果自旋反平行则可两两结成电子对，在原子间形成共价键。一个电子与另一电子配对以后就不能再与第三个电子配对。在原子相互结合成分子时靠的是原子外层轨道重叠，重叠越多，形成的共价键就越稳定。但这种理论显然无法解释甲烷的正四面体结构。为了解释甲烷的正四面体结构，说明碳原子四个键的等价性，鲍林等人于1928—1931年在价键理论的基础上提出了杂化轨道理论，在成键能力、分子的空间构型等方面丰富和发展了现代价键理论。该理论的根据是电子运动不仅具有粒子性，同时还有波动性，而波又是可以叠加的。所以鲍林认为，碳原子和周围四个氢原子成键时所使用的轨道不是原来的 s 轨道或 p 轨道，而是二者经混杂、叠加而成的"杂化轨道"，这种杂化轨道在能量和方向上的分配是对称均衡的。杂化轨道理论很好地解释了甲烷的正四面体结构。1939年，鲍林出版了在化学史上有划时代意义的《化学键的本质》一书，彻底改变了人们对化学键的认识，将其从直观的、臆想的概念升华为定量和理性的高度，该书在出版后不到30年内共被引用超过16000次，至今仍有许多高水平学术论文引用该书观点。1954 年，凭借在化学键性质以及把它们应用于复杂化合物分子结构方面的研究贡献，鲍林第一次获得了诺贝尔化学奖。

随着化学键研究的深入，鲍林还提出了有名的"共振论"思想，这是20世纪最受争议的化学理论之一，也是有机化学结构基本理论之一。鲍林认为众多分子能够指定单个的价键结构来合理解释该物质的性质，但像苯分子 C_6H_6、臭氧分子 O_3 等属于例外情况，这些分子的性质不能用单一价键型的电子结构来描述，但若认为它们存在着两个或多个的价键结构之间的"共振"，则仍能沿用经典的价键理论。"共振论"直观易懂，鲍林将共振论用于对苯分子结构的解释获得了成功，使得共振论成为有机化学结构基本理论之一，在20世纪40年代以前产生了重要影响。共振论在有机化学领域仍是解释物质结构，尤其是共轭体系电子结构的有力工具。鲍林在研究量子化学和其他化学理论时创造性地提出了许多新的概念，例如共价半径、金属半径、电负性标度等，这些概念的应用对现代化学、凝聚态物理学的发展都有巨大意义。鲍林于1932年首先提出了用以描述原子核对电子吸引能力的电负性概念，并且提出了定量衡量原子电负性的计算公式。电负性这一概念简单、直观，物理意义明确并且不失准确性，至今仍获得广泛应用，是描述元素化学性质的重要指标之一。1932 年，鲍林预言惰性气体可以与其他元素化合生成化合物。鲍林的量子化学观点认为，较重的惰性气体原子可能会与那些特别易接受电子的元素形成化合物。1962 年，加拿大化学家巴特莱特用氙和六氟化铂蒸气在室温下直接反应生成一种橙黄色固体，后经证实该化合物是 $FXe^+[PtF_{11}]^-$。这是人类首次合成含有化学键的惰性气体化合物，随后相继发现了氙的一系列氟化物和氟氧化物。惰性气体化合物的诞生打破了人们对稀有气体的所谓"惰性"迷信，"惰气不惰"证明了鲍林预言的准确性。鲍林在研究生涯的中后期开始转向生物学和医学领域，主要研究生物大分子结构和功能，把化学研究推向生物学，他实际上是分子生物学的奠基人之一，极大地推动了 20 世纪生物化学和医学的发展。

鲍林热爱和平，厌恶大国间的军备竞赛，一生倾注了大量时间、精力来发展世界和平和民族平等事业，研究防止战争、保卫和平的问题，坚决反对把科技成果用于战争，特别反对核战争。他曾指出："科学与和平是有联系的，世界已被科学的发明大大改变了，特别是在最近一个世纪。现在，我们增进了知识，提供了消除贫困和饥饿的可能性，提供了显著减少疾病造成痛苦的可能性，提供了为人类利益有效地使用资源的可能性。"他认为，核战争可能毁灭地球和人类，号召科学家们致力于和平运动。鲍林为和平事业所作的努力遭到了美国保守势力的打击，20 世纪 50 年代初美国奉行麦卡锡主义，曾对他进行过严格审查，怀疑他是美国共产党，限制他出国讲学，干涉他的人身自由。1954 年鲍林荣获诺贝尔化学奖以后，美国政府才被迫取消了对他的出国禁令。1955 年，鲍林和世界知名的大科学家爱因斯坦、罗素、约里奥·居里、玻恩等签署了一个宣言，呼吁科学家应共同反对发展和使用毁灭性核武器，反对战争，保卫和平。1957 年 5 月，鲍林起草了《科学家反对核试验宣言》，在两周内就有 2000 多名美国科学家签名，在短短几个月内就有 49 个国家的 11000 余名科学家签名。1958 年，鲍林把反核试验宣言交给了联合国秘书长哈马舍尔德，向联合国请愿。同年他写了《不要再有战争》一书，书中以丰富资料说明了核武器对人类的重大威胁。1959 年，鲍林和罗素等人在美国创办了《一人少数》月刊来反对战争、宣传和平。同年 8 月，他参加了在日本广岛举行的禁止原子弹氢弹国际会议。由于鲍林对和平事业的贡献，他在 1962 年荣获了诺贝尔和平奖。他以《科学与和平》为题发表了领奖演说，指出："在我们这个世界历史的新时代，世界问题不能用战争和暴力来解决，而是按照对所有人都公平、对一切国家都平等的方式，根据世界法律来解决。"最后他号召："我们要逐步建立起一个对全人类在经济、政治和社会方面都公正合理的世界，建立起一种和人类智慧相称的世界文化。"

作为一名科学家，鲍林取得的成就源于他创新了科学研究方法。他拥有敏锐的事实观察能力和高度的理论概括能力，他把观察、实验、思考所得的知识和新颖的理论构思结合起来，他从把握信息中认识事实，用系统方法来思考事实，灵活地运用量子力学来研究化学结构，从而取得了化学研究上的突破。鲍林不愧为科学家的楷模，我们在他的身上看到了当代科学家的创新精神和崇高的社会责任感，他的伟大人格力量将给后人以无限的启迪。鲍林是一位伟大的科学家与和平战士，他的影响遍及全世界。鲍林对中国人民非常友好，中国物理化学家卢嘉锡院士和唐有祺院士都曾师从于他。他与夫人还分别于1973年和1981年访问过中国，足迹遍及城市乡村，中国农民送给他的工艺品他也一直珍藏着。

二、维生素C服用争议

　　然而，1994年路透社在报道鲍林逝世消息时却说，他是"20世纪最受尊敬和最受嘲弄的科学家之一"。一个"最受尊敬"的科学家之所以"最受嘲弄"，就在于他提出了维生素作用新观点，尤其是主张超大剂量服用维生素C。鲍林是化学家、物理学家、结晶学家、分子生物学家和医学研究者，并不是医生，可他偏偏引发了一场旷日持久的医学领域大论战。鲍林根据自己多年的研究于1970年出版了《维生素C与普通感冒》一书，提出：每天服用1000毫克或更多的维生素C可以预防感冒；维生素C可以抗病毒。这本书受到读者的赞誉，被评为美国当年最佳科普图书。可是医学权威们激烈反对鲍林的观点，权威部门也纷纷表态。鲍林身陷重围，然而他不管这些。1979年他和卡梅伦博士合作出版了《癌症和维生素C》一书，建议每个癌症患者每天服用10克或更多维生素C；癌症患者要尽可能早地开始服用大剂量维生素C，以此作为常规治疗的辅助手段。并说："我们相信这种简单的方法将十分显著地改善癌症治疗的结果"。但是医学权威们并不相信这种观点，他们与鲍林的最大争论焦点在于维生素C的用量。在鲍林去世之前，双方始终是各执一词，互不相让。如今，许多专家承认：维生素C有抗癌作用，能预防多种疾病，包括阿尔茨海默病。鲍林当年几乎是"孤军作战"地与众多医学权威机构和权威人士论争，他为此而受到了嘲弄和轻蔑，可鲍林在长达20多年的时间里义无反顾地奋起捍卫自己的观点，这种勇气和探索精神令人深深敬仰。时至今日，美国和世界各国的许多专家学者已经承认或接近承认鲍林的观点了，然而论争仍远远没有结束，维生素C的作用与剂量问题仍需继续深入研究。

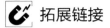 拓展链接 •·····································

1. 维生素C及其作用

　　维生素C分子式为$C_6H_8O_6$，又称L-抗坏血酸，是一种水溶性多羟基维生素和强还原剂，也是一种重要药物和人体补充剂，水果和蔬菜中含量丰富。已知的绝大多数维生素作为酶的辅酶或辅基的组成成分在生物体氧化还原代谢反应中起重要的调节作用，缺乏维生素C可引起坏血病。维生素C是参与生物生长发育和营养代谢所必需的一类微量有机物质，广泛用于医药、食品、饲料及化妆品产业中。

2. 古代药品和食品对维生素缺乏症的治疗

公元 7 世纪，唐朝医药学家、道士孙思邈（541—682 年，后人尊称为"药王"）著有《千金要方》和《千金翼方》两部医书，其中记载了牛肝能治雀目。雀目就是夜盲症，因缺乏维生素 A 引起，而动物肝脏中含有丰富的维生素 A。书中还谈到现在看来是缺乏维生素 B_1 而引起的脚气病，对此，孙思邈用吃含维生素 B_1 多的中药（杏仁、防风、吴茱萸、蜀椒等）或谷皮和粥进行治疗。1886 年，荷兰医生艾克曼（C. Ekma）在印度尼西亚的爪哇岛研究当时普遍流行的脚气病时，最初还以为是细菌感染所致，而直到 1897 年他才从实验中证实米糠中含有一种营养素可治愈脚气病。日本海军曾于 1878—1882 年爆发脚气病，后用大麦代替大部分精米后脚气病才得到控制。

3. 郑和下西洋如何解决维生素补给？

郑和（1371—1433 年）是中国著名航海家、外交家。1405—1433 年，郑和七下西洋（即文莱以西的东南亚和印度沿岸地区），完成了人类历史上的伟大壮举。但是郑和等 27000 名海员七下西洋却从未发生过因败血病而大量死人的事故，原来在这其中起到重大作用的就是中国古人的智慧。郑和下西洋的船员在远航前携带了大量易储存的豆类，可以随时在船上泡发豆芽作为蔬菜食用，及时补充了维生素等多种微量元素。再加上明朝郑和船队水手大多为扬州等江南人，喜欢喝绿茶。绿茶是浸泡茶，溶解度高，一杯绿茶含有 3~5 毫克维生素 C，正常人体每天维生素 C 需求量大约为 60 毫克，所以几杯茶水就解决了日常所需维生素 C 补充问题。而且郑和船队通常离海岸近，可以时常上岸补给蔬菜和水果。郑和是云南昆阳人，水手多是扬州人，他们的主要食品是稻米。稻谷可以保存，而精白米在高温下几天就坏了，所以郑和船队携带的是稻谷。由于船上加工条件限制，他们只能吃糙米。如果他们吃的是精白米，一年下来也会大部分患上脚气病（维生素 B_1 缺乏症）。

4. 哥伦布航海船员的神奇经历

克里斯托弗·哥伦布（约 1451—1506 年）是意大利著名航海家，他发现了美洲大陆并验证了地球是圆形的理论。在西班牙女皇支持下，哥伦布一生共有 4 次环球航海。在第二次航海中，因为食物储藏条件的限制，大家只有黑面包和咸鱼充饥，而且每个人限量供应。几个月后，船员相继出现了浑身无力、走不动路、皮肤和眼底出血的症状，最后全身出血慢慢死去。船员们认为是航行触怒了"海上凶神"，感染了瘟疫，惊慌不已。眼看着船员越来越少，哥伦布率领船队停靠在一个荒岛，十几名身体出血的船员为了不"感染"其他船员，自愿下船留在荒岛。哥伦布含泪为留岛船员留下食物，承诺航行到达目的地后，返程再来接他们。几个月后，当哥伦布返程到达荒岛时，看到十几个蓬头垢面的人向船队奔来，他既惊讶又高兴，原本以为他们早已死亡，看到的却是活蹦乱跳的船员，而且一个不少。哥伦布通过和船员谈话了解到：他们在荒岛生存期间吃完了哥伦布留下的食物后就以野菜野果充饥，几个月后原先的出血症状都消失了。哥伦布一回到意大利就把这些船员起死回生的奇迹讲给医生们听，后来经过研究，人们发现野果子和其他一些水果、蔬菜中都含有一种名叫维生素C的物质，正是这种维生素C救了那些船员的生命。原来，所谓的"海上凶神"就是"坏血病"，它是由人体内长期缺乏维生素C引起的，当身体内补充了适量的维生素C，坏血病就不治而愈了。

5. 维生素C的人工合成

1933年，瑞士化学家塔德乌什·莱希施泰因（Tadeus Reichstein，1897年7月20日—1996年8月1日）发明了维生素C的人工合成方法并合成成功，后于1950年获得诺贝尔生理学或医学奖。此法是先将葡萄糖还原成为山梨醇，经过细菌发酵成为山梨糖，山梨糖加丙酮制成二丙酮山梨糖，然后再用氯及氢氧化钠氧化成为二丙酮古洛酸（DAKS）。DAKS溶解在混合的有机溶液中，经过酸的催化重组成为维生素C。该方法工艺复杂，生产条件苛刻，生产速率较低。这个方法的专利权在1934年被瑞士豪夫迈·罗氏公司购得，成为50余年来工业生产维生素C的传统主要生产方法，罗氏公司也因此一度独占了维生素C的国际市场。

1980年，中国科学院北京微生物研究所的尹光琳研究员另辟蹊径，大幅创新改良了莱式维生素C一步发酵法，采用混菌法，以L-山梨糖为原料，将氧化葡萄糖酸杆菌（"小菌"）和假单胞杆菌（"大菌"）组合成混菌，发酵生成2-酮基-L-古龙酸，再进行转化精制得到维生素C。新工艺既环保，成本又低，生产效率更高，缩短了生产周期，故生产出来的维生素C具有极大的市场竞争力，从而打破了瑞士罗氏公司、德国巴斯夫公司和日本武田制药的维生素C国际垄断联盟。中国凭借先进、主流的"两段发酵法"逐步扩大了维生素C的生产，由于成本低、价格低，到今天全球超过90%的维生素C由中国药厂生产和提供。如今，中国维生素C两步发酵法合成工艺在国际上一直处于领先地位，中国具有维生素C绝对的产量权和定价权。可以说，中国科技在一颗小小维生素C上的竞争显示了自己的硬实力。

 教学分析 •••

一、课程思政要素挖掘

1. 勇于创新

鲍林两次获得诺贝尔奖，他在化学领域的研究中不断创新，提出了许多新的理论和观点。这种勇于创新的精神可以激励学生在学习和研究中敢于突破传统，开拓新的领域。例如，在课堂上介绍鲍林的研究成果时可以引导学生思考他是如何在已有知识的基础上进行创新的，鼓励学生在学习中培养创新思维。

2. 坚持不懈

鲍林的研究并非一帆风顺，他在探索过程中遇到了许多困难和挑战，但他始终坚持不懈、不断努力。这种坚持不懈的精神可以教育学生在面对困难时不轻易放弃，持之以恒地追求自己的目标。比如，讲述鲍林在研究过程中的挫折和他如何克服困难的故事，让学生体会坚持的力量，培养学生的毅力和坚韧精神。

3. 科学精神

鲍林的研究以严谨的科学方法和实证为基础，他注重实验数据和理论的结合。这种科学精神可以培养学生在学习和研究中尊重事实、追求真理的态度。在教学中可以强调科学方法的重要性，引导学生学习鲍林的科学精神，培养学生的科学素养和批判性思维。

4. 社会责任感

鲍林不仅在科学研究上取得了巨大成就，还积极参与社会活动，关注人类的和平与健康。他的社会责任感可以激发学生的社会担当，让学生认识到科学技术应该为人类的福祉服务。例如，介绍鲍林反对核武器的活动引导学生思考科学家的社会责任，培养学生的社会责任感和使命感。

二、融入教育教学的方法

1. 课堂教学

在化学课程中结合鲍林的研究成果和故事，讲解相关的化学知识和理论。通过分析鲍林的创新思维和科学方法引导学生学习化学，同时培养他们的创新能力和科学精神。例如，在讲解化学键理论时可以介绍鲍林的杂化轨道理论，让学生了解鲍林的创新贡献并引导学生思考创新在科学发展中的重要性。

2. 实验教学

在实验课中引导学生学习鲍林的科学方法，注重实验设计的合理性和实验数据的准确性。通过实验操作，培养学生的动手能力和科学素养，同时让学生体会坚持不懈和严谨科学的重要性。比如，在实验课中要求学生认真记录实验数据，分析实验结果，培养学生的科学态度和实验技能。

3. 案例分析

选取鲍林的研究案例或社会活动案例进行案例分析和讨论。通过案例分析让学生深入了解鲍林的思想和行为，培养学生分析问题和解决问题的能力以及社会责任感。例如，分析鲍林反对核武器的案例，让学生讨论科学家的社会责任和科学技术的应用问题。

4. 课外拓展

组织学生阅读有关鲍林的书籍、文章或观看相关的纪录片，拓宽学生的知识面和视野。鼓励学生参加学术讲座、科研活动等，让学生在课外学习中感受鲍林的科学精神和社会责任感。比如，推荐学生阅读《鲍林传》等书籍，让学生了解鲍林的生平和成就。组织学生参加化学学术讲座，邀请专家介绍鲍林的研究成果和科学精神。

三、教育教学效果评估

1. 学生反馈

通过问卷调查、座谈会等方式了解学生对鲍林的课程思政内容的理解和感受，并收集学生的意见和建议，以便及时调整教学方法和内容。例如：在课程结束后发放问卷，调查学生对鲍林的创新精神、科学精神和社会责任感的认识和体会；组织学生座谈会，让学生分享学习鲍林的故事对自己的启发。

2. 学习表现

观察学生在课堂学习、实验操作、案例分析和课外拓展等活动中的表现，评估学生的学习态度、创新能力、科学素养和社会责任感等方面的变化。比如：看学生在课堂上是否积极参与讨论、提出创新观点；在实验中是否认真操作、注重数据准确性；在案例分析中是否能够深入思考、提出合理的解决方案；在课外拓展中是否主动学习、积极参与社会活动。

3. 考试成绩

在考试中设置与鲍林相关的课程思政内容题目，考查学生对知识的掌握程度和对思政要素的理解，通过考试成绩评估学生的学习效果。例如：在化学考试中设置简答题或论述题，要求学生分析鲍林的某一研究成果所体现的创新精神和科学方法；或者在综合考试中设置案例分析题，让学生运用鲍林的思想和方法解决实际问题。

4. 实践成果

评估学生在实践活动中的成果，比如科研项目、社会服务等。看学生是否能够将鲍林的科学精神和社会责任感应用到实际中，为社会做出贡献。比如：评估学生参与科研项目的成果，看学生是否能够在项目中体现创新能力和科学精神；或者评估学生参与社会服务的效果，看学生是否能够发挥自己的专业知识，为解决社会问题贡献力量。

📁 **参考文献** •┈┈

[1] 林承志. 化学之路——新编化学发展简史 [M]. 北京：科学出版社，2011.

[2] 姜涛，葛春华. 化学课程思政元素 [M]. 北京：高等教育出版社，2021.

田中耕一：从小职员到诺贝尔化学奖得主的逆袭

　　田中耕一（Tanaka Koichi，1959 年 8 月 3 日—），出生于日本富山县富山市，1983 年毕业于日本东北大学，获学士学位，日本科学家，京都市岛津制作所研发工程师，分析测量事业部生命科学商务中心、生命科学研究所主任。因与美国科学家约翰·芬恩一同发明了"对生物大分子的质谱分析法"而获得了 2002 年诺贝尔化学奖。田中耕一是日本第 12 位获诺贝尔奖的科学家。与以往的诺贝尔奖获得者相比，田中耕一的经历非常平凡，因而也显得异类。田中耕一并非教授又非高学历人员，只是公司的一个普通研究人员，从不和学术界沾边，他的获奖成为诺贝尔奖历史上的一个传奇。他获得诺贝尔化学奖是源于他在生物大分子的质谱分析方法方面取得的突破性成就。田中耕一作为日本岛津制作所的一名普通员工，因为一项发明而荣获 2002 年诺贝尔化学奖，实现了从一个小职员到诺贝尔奖获得者的逆袭，在科学界引起了轰动，颠覆了人们对诺贝尔奖获得者的认知。

一、"平凡"逆袭获诺奖

　　田中耕一在获得诺贝尔奖之前，似乎在他的身上找不出任何亮点，若是非要找的话，他的母校日本东北大学算是最有亮点的地方。这所学校曾是除东京大学、京都大学以外日本最好的一所大学，但不幸的是，田中耕一大学期间还是一个留过级的"学渣"。他毕业于日本东北大学工学部电气工学专业，与化学、生化等领域完全无缘。加入岛津公司以后，他怀着极大的热情埋头于实验室的研究工作，把自己的终身大事和名誉升迁统统置之度外。另一方面，他的头衔也只是个主任。据报道，田中耕一为了能在实验室第一线从事研究工作，拒绝了所有升职考试。可以想见，他在经济上不会有多少余裕。因此也可以说，田中耕一几乎处于日本企业社会的最底层，这可能就是他在公司内部被称为"怪人"的原因。

　　在岛津制作所就职的十几年间，田中耕一几乎没有发表过什么论文，仅有的几篇也只是发表在不是很重要的会议和杂志上，他在学术上再无建树。他是如此的平凡，甚至公司的不少同事都不认识他。田中耕一与日本学术界几乎没有任何交往，以至于他获奖的消息传开时，日本学术界都措手不及。据说，在获悉田中耕一获奖消息的那一天，日本教育部内部是一片混乱，因为在他们的日本研究生命科学学术界资料名单中根本找不到田中耕一的名字，最后还是通过互联网消息才获得他的履历。田中耕一和日本社会权威科学家有着两个极大的不同点：第一，他不是象牙塔里的学者；第二，他年轻，才 40 出头，不像一般权威日本科学家都是年迈资深。获诺贝尔奖后的田中耕一在一夜间从一个默默无名的小职业研究员跃登成为日本全国争宠的人物。他就职的岛津制作所老板特地从出差地赶回国，赠送给他数百万日元的奖励金，还宣布要将他从主任职位提升到董事级。

质谱分析法是一种物理分析法，基本原理是使待测物的分子在离子源中发生电离，变成气态并在电场中被加速形成离子束，进入质量检测器，通过它在磁场中的运行曲线和到达检测地所需的时间来测定其质量。质谱分析法也是化学领域中非常重要的一种分析方法，通过测定分子质量和相应的离子电荷实现对样品中分子的分析。不过，最初科学家只能将它用于分析小分子和中型分子，由于生物大分子比水这样的小分子大成千上万倍，因而将这种方法应用于生物大分子难度很大。约翰·芬恩和田中耕一发明了两种方法，分别通过施加强电场和用激光轰击的方法相互完整地分离并电离了生物大分子，解决了"看清"生物大分子"是谁"的问题，奠定了进一步分析生物大分子的基础。

二、"失误"获突破，兴趣铸传奇

田中耕一的成功源于一次"失误"。他当时在岛津制作所从事的工作项目是开发质谱分析仪，利用激光测量金属、半导体和有机化合物分子的质量。从 1983 年到 1984 年，为了提升蛋白质分子离子化的成功率，田中耕一尝试向液态样品中添加辅助介质，并且要从几百种辅助介质中筛选出最合适的那一种。他的筛选工作量大而且枯燥乏味，一直没有任何突破。在同事建议下，田中耕一尝试将钴粉悬浮在不同的有机溶剂中试图取得一些改进，但在无数次尝试后仍然没有实质性突破。1985 年 2 月的一天，田中耕一原本想用丙酮来悬浮钴粉，结果错用了甘油，虽然他意识到了自己的失误，但出于节约的宝贵品质，他仍然将实验进行了下去，意外检测出了一个质谱信号。此后，他继续将甘油钴粉混合液用于检测更大的生物分子并耐心调整各种实验参数，终于在 1985 年下半年检测到了一种酶的质谱信号，正式宣告蛋白质大分子可以被完好地离子化。在经过一段时间研究之后，田中耕一设计出新的分析仪器并同分析方法一起申请了专利。1987 年，田中耕一用同样的方法又检测到分子质量更大的另一种酶的质谱信号。他的相关成果于 1987 年在京都纤维工艺大学主办的一次关于分子质量测定的会议上公开，但是并没有受到太大的重视。直到 20 世纪 90 年代初，随着人类遗传基因研究的兴起，测量蛋白质质量成为这一研究的必需，很多科学家受田中耕一成果的启发开发出了质谱分析装置。诺贝尔化学奖选举委员会认定测定生物大分子质量的原始思想出自田中耕一，并将 2002 年诺贝尔化学奖颁给了他。

田中耕一在获得诺贝尔奖后依然潜心做研究。由他创设的质谱分析研究所自 2003 年以来共已发表论文 100 余篇，有不少被刊登在分析化学领域著名杂志 *Analytical Chemistry* 上。他领导的研发团队还开发出了具有世界最高性能的质谱分析系统，并建立了一种高度灵敏的用于识别患阿尔茨海默病风险的个体血液检测方法。

与其说田中耕一的成功源于他的一次"失误"，不如说他的成功源于对传统思想观念的一次突破。20 世纪 80 年代，质谱分析法还无法做到在不破坏大分子结构的前提下使大分子电离而测量其质量。当时，化学家们普遍认为对分子量超过 10000 的大分子进行离子化应该是一件不可能的事情，于是纷纷放弃了对这个领域的深入研究。田中耕一在大学时的专业是电气工学，与化学、生化等领域完全无关，他的化学水平不过和高中生一般，他不知道当时的理论界认为蛋白质大分子不可能被离子化，也不知道用质谱分析法分析生物大分子的难度。被田中耕一不小心拿来做实验的甘油是公认的不常用溶剂，实验中很少被用到，这使得田中耕一在做相关实验的时候没有受到传统专业认知的束缚，只是遵从内心的想法，反而打破了固有的思想观念，取得了科学研究的突破性进展。

向来和国内荣誉无缘的田中耕一，在得诺奖后不到一个月内却一连获得好几个市民荣誉奖。日本政府也是后来才在所颁发的日本最高荣誉文化勋章中急急忙忙补上了他的名字。诺贝尔奖主导了田中耕一在日本的一切。某天，当他手中握着母校东北大学献上的荣誉博士学位时，田中耕一的一句幽默话语却使台下上千个学者惊叹不已。他说："我当初决定不考大学院是因为我讨厌学校要我考德语……如今，不用考外语就能够获得这个博士学位……可是，我想博士名义也只有在我选定飞机座位时才会拿出来用，因为这个头衔能够使我免费坐商务舱……"

当提到他的研究成果时，田中耕一的回答关键词只有一个，那就是"兴趣"。他说："我从小就喜欢研究。就职后多次拒绝升职当管理层，也因为要留在研究部门进行研究。今后，我也将继续研究。我有兴趣，也喜欢搞研究。"或许，他正在提醒一个已经被日本象牙塔中人士忘记的重要问题——学问的源头就是兴趣。

 教学分析 •••

一、课程思政要素挖掘

1. 坚持与热爱
田中耕一作为一名小职员，却对科学研究保持着高度的热爱和坚持。他在平凡的工作岗位上不断努力，最终取得了巨大的成就。这种坚持与热爱可以激励学生在学习和生活中，无论处于何种境地，都要保持对自己所追求事物的热情，不轻易放弃。例如，在课堂上讲述田中耕一的故事，引导学生思考自己的兴趣爱好和梦想，鼓励他们勇敢地追求自己的目标，即使遇到困难也不退缩。

2. 创新精神

田中耕一的研究成果是在传统方法的基础上进行创新得到的。他敢于突破常规，尝试新的方法和思路，最终取得了成功。这种创新精神可以培养学生的创造力和批判性思维，让他们在学习和研究中敢于质疑、敢于尝试新的方法。比如，通过分析田中耕一的研究过程让学生了解创新的重要性，引导学生在学习中培养创新意识，鼓励他们提出新的观点和方法。

3. 谦逊与低调

田中耕一在获得诺贝尔化学奖后依然保持着谦逊和低调的态度。他没有因为荣誉而骄傲自满，而是继续努力工作。这种谦逊与低调可以教育学生在取得成绩时，不骄不躁，保持平常心，不断进步。在教学中可以讲述田中耕一获奖后的言行，让学生体会谦逊的力量，引导学生在学习和生活中保持谦虚的态度，不断学习和进步。

4. 努力与机遇

田中耕一的成功既有他自身的努力，也有一定的机遇。他在工作中不断积累经验，抓住了机遇，最终实现了逆袭。这可以让学生明白，努力是成功的基础，而机遇也很重要，要善于抓住机遇，实现自己的人生价值。例如，组织学生讨论田中耕一的成功因素，让学生思考自己在学习和生活中应该如何努力，同时也要学会抓住机遇。

二、融入教育教学的方法

1. 课堂教学

在相关课程中，例如化学、科学史、职业生涯规划等课程中引入田中耕一的故事，通过讲解他的研究成果、人生经历和精神品质，引导学生进行讨论和思考，挖掘其中的思政要素。比如：在化学课上讲解相关知识点时可以提及田中耕一的研究成果，让学生了解科学研究的过程和方法；在职业生涯规划课上可以田中耕一为例，引导学生思考如何在平凡的岗位上实现自己的人生价值。

2. 案例分析

选取田中耕一的故事作为案例进行深入分析和讨论，让学生分析他的成功因素、面临的挑战以及应对方法，培养学生分析问题和解决问题的能力。例如，组织学生分组讨论田中耕一的案例，让每个小组提出自己的观点和建议，然后在课堂上进行交流和分享。

3. 实践教学

组织学生进行实践活动，例如科学实验、科技创新比赛等，让学生在实践中体验坚持、创新和努力的重要性。同时，引导学生学会抓住机遇，提高自己的综合素质和能力。比如：在科学实验课上让学生尝试新的实验方法和思路，培养他们的创新精神；组织学生参加科技创新比赛，让他们在比赛中锻炼自己的能力，学会抓住机遇。

4. 课外阅读与研究

推荐学生阅读有关田中耕一的书籍、文章和纪录片，拓宽学生的知识面和视野。鼓励学生进行相关的研究性学习，深入了解田中耕一的生平和成就，培养学生的自主学习能力和研究能力。例如：布置学生阅读《田中耕一：从小职员到诺贝尔化学奖得主》等书籍，让学生了解田中耕一的故事；组织学生开展以"田中耕一的成功之路"为主题的研究性学习，让学生通过查阅资料、实地调研等方式深入了解田中耕一的精神品质和成功经验。

三、教育教学效果评估

1. 学生反馈

通过问卷调查、座谈会等方式了解学生对田中耕一课程思政内容的理解和感受，并收集学生的意见和建议，以便及时调整教学方法和内容。例如：在课程结束后发放问卷，调查学生对田中耕一的精神品质的认识和体会；组织学生座谈会，让学生分享学习的收获和感悟。

2. 学习表现

观察学生在课堂学习、实践活动、课外阅读等方面的表现，评估学生的学习态度、创新能力、团队合作精神等方面的变化。比如：看学生在课堂讨论中是否积极参与、提出有价值的观点；在实践活动中是否认真负责、勇于创新；在课外阅读中是否主动学习、深入思考。

3. 考试成绩

在考试中设置与田中耕一相关的题目，考查学生对知识的掌握程度和对思政要素的理解。通过考试成绩评估学生的学习效果。例如，在化学、科学史等课程的考试中设置简答题或论述题，要求学生分析田中耕一的研究成果和精神品质对自己的启示。

4. 实践成果

评估学生在实践活动中的成果，例如科学实验报告、科技创新作品等，看学生是否能够将田中耕一的精神品质转化为实际行动，取得一定的实践成果。比如：评估学生在科学实验中的表现和实验报告的质量，看他们是否能够在实验中体现创新精神和努力；评估学生在科技创新比赛中的作品，看他们是否能够抓住机遇，实现自己的创新想法。

📁 参考文献 ●┈┈┈┈┈┈┈┈┈┈┈┈┈┈┈┈┈┈┈┈┈┈┈┈┈┈┈┈┈┈┈┈┈┈┈┈┈

[1] 姜涛，葛春华. 化学课程思政元素 [M]. 北京：高等教育出版社，2021.